ことばの花びらをあなたに

幸せへの処方箋

YAMADA
Mitae
山田 美妙

文芸社

はじめに

私が人々の心に寄り添いはじめてから、35年の月日が流れました。

それは生きること、生かされること、生き抜くことに共に向き合い続けた月日でもあります。

導かれるようにして心理の道に入ったのは、私の人生において生命の危機的状況に何度も遭遇することの意味、そして問題行動を起こす人の心を知りたいと思う気持ちが端緒になりました。

森林89％の中にダム湖があり、水が豊富で自然豊かな広島県北で私は1月の寒い時期に誕生しました。

四季折々の美しい彩の中で成長したのでした。

誕生後2歳のとき、自宅が全焼するという体験から私の激動人生は始まったようです。

5歳のときは足を車輪に挟まれて複雑骨折という大けがをし、後遺症が残らないようにと母が1時間の道のりをバスで病院に連れていってくれていたことを今も思い出します。

忘れがたいものとして思い出されるのが、子どものころの記憶。雪山登山での出来事です。

小学校6年生だった私は、友人と雪山を登っていたのですが、1時間かけてほぼ頂上に近づいたとき、友人が足を滑らせて滑落しそうになったのです。私はとっさに友人の手をつかみ滑落を回避しようと試みましたが、共に滑落しそうな状況になった瞬間、足を蹴飛ばされてしまったのです。私は猛烈なスピードで頭から真っ逆さまに落下しました。山間部の3月は積雪から切り株が顔を出します。これに直撃していたら命はなかったかもしれません。

あの体験は私の心にも強烈な恐怖感を残しました。

人生を大きく変えた出来事のひとつに、予定していた未来を突然失うという、悲しい出来事もありました。大学入学を控えたある朝、私は軽自動車の後部座席に乗っていたのですが、そこにミキサー車が突っ込んできて、車ごと吹き飛ばされてしまったのです。私のいた後部座席はぐちゃぐちゃになりました。警察の方が「よく命があったね！」と驚かれるほど悲惨な状態でした。運転手は無事、私にも外傷はなかったのですが、1週間後、急に高熱が出て、目も霞《かす》んで物がほとんど見えない状態になってしまったのです。そして緊急入院。入院生活は半年に及びました。

この入院によって、幼稚園の先生を目指し、兵庫県の大学へ行く夢は、はかなく消えてしまいました。

目については、どこの眼科で診療を受けても、いずれ失明に至るという答えばかりでした。

私は絶望の海に投げ込まれ、まるで深い深い不安と悲しみの孤独の闇の中に沈んでゆくようでした。浮上の機会を見つけられないことも、苦しみになっていきました。

ミキサー車を運転した青年は、一度も見舞いに来ることはなく、私は未来を奪ったその人をずいぶん恨みました。また、あの日に限って車に乗ってしまったことを悔やみ続けて、自分を責める日々が続きました。学友が見舞いに来てくれることも辛くて、病室からだれかの姿が見えると、よくトイレに隠れていました。学友の話す楽しい話を聞く心の余裕は、当時の私にはなかったのです。

私は読書好きでもあり、幼少期から「早く寝なさい」と言われると布団の中に懐中電灯を入れて読みふけるほどでした。長距離、短距離、水泳にバレーボールと、スポーツも大好きなチャレンジャーでした。しかし、もうそれらすべてができなくなるかもしれません。どうしたら親に迷惑をかけずにこの人生を終わらせることができるのかを、毎日毎日考えていました。病院の屋上から飛び降りること、外出して川の中に入ること、山に行って首をくくること、薬を飲むこと……。しかし、どれひとつ親に迷惑をかけないものはありません。

今振り返ると、私の心は完全に病んでいたと言えます。

そうして4か月が過ぎたある日、ケラケラと明るくよく笑うバスガイドさんが、右腕を骨折して、隣の病室に入院されました。

骨折の理由は、今でいうところのDVです。とても美人の女性だったのですが、

「主人にやきもちを異常に焼かれて、お酒を飲んで暴力を振るうのよ」

と、笑って話すので、当時の私にはまったく理解ができませんでした。

あるとき、その人に私の目のことを話すと、こう言われました。

「見えなくなるのは将来でしょ？　入院後少しは回復しているのでしょ。今少しずつでも回復しているのなら大丈夫よ！」

私は他人とはいえ、無責任な返答に、びっくりしたものです。

毎日毎日、その言葉の意味を考えていたとき、はっと気づく瞬間がありました。「今を大切にすれば良いのかもしれない」と思ったのです。

今を大切にして、失明する未来は考えまいと決意した私は、

「今見えつつある目はこれからも見えるはずだ！」

と、不安に襲われるときはその言葉を繰り返して、きれいにすっきり見えるイメージをするようになりました。1年後には、視力は0・5まで回復しました。

今思えば、それは「イメージ療法」だったのです。

退院後、心身共に弱っていた私に、母は知り合いのつてのある出雲大社へ修行に行くことをすすめてくれました。

宮司さんには、私が事故で夢をあきらめなければならなかったことを話しました。すると宮司さんは、

「事故のせいにしていますが、夢をあきらめたのは自分で決めたことですよね」

とおっしゃいました。

私はそのときも、よく他人事のように言うなぁと思いました。すると宮司さんに、

「相手を恨んではいけませんよ」

とも言われたのです。このことをきっかけに、私は時間をかけて自分に向き合うようになりました。そして、

人のせいにしたり、人と比べない人生を生きよう！

私のチャレンジはこれから始めよう！

今からでも良いのだわ！

と思えた瞬間、追突してきた人への恨みは不思議と消えていたのです。

私はこうした出会いと経験を通して、進路を変更することにしました。翌年に地元の女学院に入学し、私立各種学校の教師の資格を得ました。また、49歳のときに通信大学に入

学し、心理の基礎を深めることもできました。その後も三次の豪雨災害、河川の氾濫にて濁流寸前、命からがら泳いで避難する壮絶体験もあり、またあと一日遅れていたら命はなかったと言われる病を何度も経験しました。受け入れることのできない永遠の別れから記憶を失うという試練もある中でしたが、人の心に寄り添い、言葉の力で心の変容へと導ける、そんな人間力を培いたいと思い、心理の道を追究してきました。

事故に出くわさなければ、私は幼稚園の先生になり、子どもたちと楽しい平凡な日々を過ごしていたでしょう。

「今」を生かされている私たちには、それぞれの人生の課題と使命があります。立ちはだかる問題は、乗り越えるまで続き、人のせいにしたり、努力をしないままでは、幸せは遠のいてしまうのです。一方、あきらめない意志力は人生道を開花させてくれるのです。

クライアントさんとの多くの出会いは、私の学びを深めてくださいました。

16歳のころから始めた社会福祉活動は、母やその母の影響を受けたものでしたが、目標に向かって頑張る両親の姿から、地道な日々の積み重ねが実をつけることを教えられたように思います。その姿はあきらめないチャレンジでした。私も両親から受け継いだチャレンジ精神で10年近くの間、海外研修に通う歳月を重ねることができました。

行動は人との出会いにつながり、学びへの道を開拓していくものでした。

人生が紆余曲折する中で、私は、何冊もの本を手にとり、そこから多くの勇気をもらうこともできました。

「いつの日か、私の経験が人々のお役に立てば」との思いが、本書上梓へとつながるご縁になりました。

私が代表を務めるセプルミエールの講座（カウンセリングに特化したもの）には、
美妙式・TA〈交流分析〉　自分と他者の人格を理解する
・NLP（コミュニケーション力、思考回路の変容）
・催眠療法　退行療法――母親のおなかの中まで遡る
前世療法――今の時代ではない自分の人生を遡る
悲嘆療法――愛する人との死別後の再会
体細胞療法――細胞と語り合う

などがあり、多くのみなさんが学んでいます。

社会が流動的であるように人の心理も人格形成も、環境により変化しています。心理の学びも、永遠の旅路です。私自身も現在も活動を続けながら、学び続けています。

長年のカウンセリングを通して、気づいたことがあります。それは「問題の原点のほとんどが幼少期に芽吹いている」ということです。この気づきを得てから、子育てセミナーの活動も私のライフワークのひとつとなりました。

妊娠中から子育ての期間の大切さを知ってほしいと定期的なチャリティー講座を開催し、そこでの募金は恵まれない子どもたちへ届くように社会福祉協議会へ毎年届けています。

暴力、ＤＶ、引きこもり、歪曲した恋愛、万引き、家出、依存症、親に見捨てられた子……など、多くの愛情の薄い家庭環境の子どもたちの存在を知ることができました。

また、恵まれた家庭が幸せとは限らず、自分の居場所があるか、または「お帰り」「お疲れさま」と声をかけ、子どもの存在を承認してくれる人が身近にいるかどうかも大切であるという気づきもありました。

子育ては奥深く、ひとことで語り尽くせるものではありませんが、子どもたちが自己を愛し、自分の道を選択決定し、自分の行動に責任がとれる「人間力」のある大人になってほしいと心から願っています。本書でも子育てに関する項目に紙面を多く割いています。子育てに関連する内容は、未来の母親、父親、あるいは祖母、祖父はもちろん、今現在、生きづらさを感じている人にとっても、参考になることを願っています。

この「はじめに」の最後に、私が迷いの中にいたときによく読んで励みにしていた、松下幸之助さんの「道」という詩を載せます。

本書が、多くのみなさんの生きづらさをなくし、幸せな家族、幸せな人生を築くための道案内になれば、うれしく思います。

２０２１年６月

セプルミエール代表　山田　美妙

自分には自分に与えられた道がある。天与の尊い道がある。
どんな道かは知らないが、ほかの人には歩めない。

自分だけしか歩めない、二度と歩めぬかけがえのないこの道。
広い時もある。せまい時もある。のぼりもあればくだりもある。
坦々とした時もあれば、かきわけかきわけ汗する時もある。

この道が果たしてよいのか悪いのか、
思案にあまる時もあろう。
なぐさめを求めたくなる時もあろう。
しかし、所詮はこの道しかないのではないか。

あきらめろと言うのではない。
いま立っているこの道、いま歩んでいるこの道
ともかくもこの道を休まず歩むことである。
自分だけしか歩めない大事な道ではないか。
自分だけに与えられているかけがえのないこの道ではないか。

他人の道に心をうばわれ、思案にくれて立ちすくんでいても、
道はすこしもひらけない。
道をひらくためには、まず歩まねばならぬ。
心を定め、懸命に歩まねばならぬ。

それがたとえ遠い道のように思えても
休まず歩む姿からは必ず新たな道がひらけてくる。
深い喜びも生まれてくる。

もくじ

第2章　健全な心を育む親子の関係

第3章　心を豊かにするコミュニケーションのコツ

第4章　感情に振り回されずに生きる

第1章

意識できるものとできないもの

口に出していることが、本当の悩みの原因ではないことが多い

「生きているのが何だかつらいけれど、その理由がわからない」

というクライアントがいるとします。カウンセラーがどんな関わり方をすれば、このクライアントは生きづらさの原因に気づき、苦悩から解放されるでしょうか。

意外にも、クライアント自身が口に出していることは、本当の悩みの原因ではないことがほとんどなのです。

原因は、深層心理、無意識の中に潜んでいるのです。無意識というのは、精神分析で有名なフロイトが提唱したもので、私たちが意識している部分を「**意識**」、いつもは意識しているわけではないが比較的容易に意識化される部分を「**前意識**」、抑圧されていてそのままの形では意識化されない部分を「**潜在意識**」としています。

ですから、カウンセリングでは、悩みについてだけの話を聞くのではなく、いろいろな話を聞きながら、ペイシングすることからはじめます。ペイシングとは、対している人、ここではクライアントの考え方、感情、態度にペースを合わせ、話の内容を繰り返していくことです。

このペイシングをしていくと、クライアントはこれまでとは違う悩みについて話しはじめます。それをのがすことなく確実に拾い上げていきます。私の経験では、これは早い段階で起こり得ます。

「ああ、この人が感じるつらさの原因はこれなのだな」

ということが見えてくるのです。そして、クライアント自身が自分で気づくように寄り添っていきます。

「私はこういうことで悩んでいるんです」

と言われれば、その人の言う「こういうこと」についてペイシングしながら、繰り返します。

「〇〇さんは、こういうことでこういうふうに思っているんですね」

と確認していきます。すると、そうなんですよ、実は主人が……、おばあちゃんが……、いや子どもが……などとさまざまなことを打ち明けてくれます。その中で一番の気がかりと思える所で、

「子どもさんのそういうところを、〇〇さんはどうしたいと思われているのですか？」

と聞いてみると、

「本当はこうしたいと思っているんです！」

と早い段階でその人の真意が出てくるものです。続けて、無意識下にあった原因を意識に浮上させていくように促します。雑談を含めながら、問題と思える所では「今何と言われましたか？」と聞くことで、口に出した言葉を自分自身で再確認してもらうのです。

悩みを持っている人というのは、視野が狭くなり、心が閉鎖的になっています。これを自問自答しただけでは、答えを導き出すのは困難なときもあります。

たとえばこんなクライアントもいました。

クライアント「私は主人と別れようと思っているんです」

カウンセラー「ご主人と別れようと思っているのね」

クライアント「主人が酒のみで、９時には帰ってほしいと言っても、帰ってこないんです」
カウンセラー「帰ってこないのですね。早く帰ってきてほしいという思いの中には、どんなことがあるのかしら？」
クライアント「早く寝たいのかなぁ……。スッキリしないなぁ……」
カウンセラー「もっと違うことで自分では気づいていないことがあるかもしれないね」
寄り添いながら時間をかけて対話していき、雑談や笑いも含めてよくよく話を聞いていくと、
クライアント「実は、私、会社でいじめられているんですよ」
と急にまったく別のような話をしはじめたのです。そして、本人はこのいじめこそが一番の悩みの原因かもしれないことに気づくわけです。
このように無意識の中に閉じ込められている原因があるケースが多いのですが、それは本人は気づきにくい心の深い所に閉じ込めているからなのです。
「いじめられていることが原因だと、気づかないなんておかしい！」

と思う人もいるでしょう。私も「実はいじめられている」という話を聞いたときには、やっと本音にたどり着いたと思った半面、驚きました。

クライアントは自分がいじめられていることを認めたくない、受け入れることがどうしてもできなかったという点では、後述する「抑圧」に近い心理状況だったのだと思います。自分にとって不都合なことをすぐに受け入れられる人は、まずいません。まずは「いや、そんなことはあり得ない」と拒否したり、逃避したりするのが自然な心理過程です。それを、時間をかけながら、いろいろな心理過程を経て、本音の部分に向き合いようやく自分自身の中で折り合いをつけていくのです。

本音と建て前のふたつがあっていい

人に気を遣いすぎて、本当に思っていることが言えず、つらい思いを溜め込んでしまう人もいます。そういうことを続けていると、自分は本当はどうしたいのか、わからなくなってくるのではないでしょうか。

建て前ばかりで生きてしまうと、

「これが本音だ！」

と思い込んでいく可能性もあります。

自分のどんなところが本音で、どんなところが建て前なのかを自己分析していくためには、まずは1日の言動を可視化して見直すこともひとつの方法です。

たとえば、その日にした会話や、感情的になった出来事などを振り返ってみます。

「あの人にはこう言ったけれど、本当はこう言いたかった」

といったことは、だれにでもあるのではないでしょうか。ここで大切なのが、この「本当はこう言いたかった」というのが本音の部分だということを理解するということです。

1日を振り返り、人との会話の中で、無意識に行っている対話は、自分の内面とのコミュニケーションツールでもある「内部対話」なのです。

例を挙げれば、会社で上司から、

「Aさん。プレゼンの資料を急ぎで明日までにまとめてくれる？」

と言われたときに、上司の前では、

「はい。わかりました」

と返事をしていても、自分の心の中では、

『どうして私ばかりに……』

『もう少し早く言ってくれればいいのに。できるかなぁ……』

と対話する人もいるでしょう。あるいは、

『明日まで⁉　無理！　ミスがあったらどうしよう』

『時間があれば、完璧に仕上げられるのに！　中途半端な仕事はストレスだなぁ！』

『上司に自分の能力を披露できるいい機会かも⁉』

と心の中での対話をするのです。

心のバランスをとるために、どこかで本音の自分を吐き出すことは必要なことです。だれにでもできるものとして、本音の部分を口にしてみる方法があります。お風呂の中で語ったり、車の中で語るのです。

また、人との会話を思い出して、紙に書き出すのもいいでしょう。自分の心の中でつぶやいた「内部対話」を書き出すのです。その内容で自分の思考のクセが理解できますから、マイナス思考へ偏りがちならばポジティブ思考へあえて意識を変える、内部対話を明るいものへと語りを変えることで人生は変化していきます。

仕事のうえでは、本音が出せないことがたくさんあると思いますが、友人関係、夫婦関係、親子関係などでは、本音を出せるときは出してもいいのです。そういう関係性の中でこそ、自分は本音で話をしているのか、ということがはっきりとわかるはずです。

夫に対して本音が話せていない、と気づいたのであれば、ふたりの関係性を見直す必要があるというサインです。特に夫婦は溝が深くなりがちですから、本音での会話がとても大切になってきます。職場や地域活動、さまざまな人間関係の中で、本音ばかりでは調和が取りにくい場面もありますから、建て前の自分もあって良いと思うのです。

カウンセリングの中で、

「私はある人を恨んでいる」

「ある人のことがどうしても許せない」

など、いわゆる本音の部分を話しつつ、

「こんなことを考える自分は罪深い」

「こんな自分を悲しいと思う」

と自分を責める人が多いことに驚きます。

「こんなことを思う自分は罪深い」という言葉が出るということは、これまで優等生で生きてきた人なのかもしれません。優等生というその枠から逃れられずに、自分を責めてしまうのでしょう。

だれしも生きている生身の人間です。だれかを嫌に思うのは当たり前の感情で、自然の姿なのですから、そのままでいいのです。

私は、自分を責めてしまっている人には、

「生きていると、人を恨むこともありますよ。でもね、自分の中で『なぜ恨むようになったのか』『なぜ、あの人にこういう思いを持ったのか』ということを理解することのほうが大事ですよ」

と伝えています。つまり負の感情につながる本音の部分もやはり自分自身であることをまずは認めてあげましょう。

逆に言えば、自然に湧く感情はとても大事なものです。その感情を殺すことのほうがもったいないことのように思います。

自分が嫌いという人

「自分が嫌いなんです」

これもカウンセリングでよく耳にする言葉です。自分を好きになれないという人です。

こういう人は、否定されて育ったケースが多いように感じます。昔なら、「あなたは橋の下から拾ってきた」といった言葉を親から受けた人は多かったと言います。

「本当は産みたくなかったんだけど生まれた」

「妊娠する予定じゃなかった」

「男の子がほしかったのに、また女か」

など、存在自体を否定するような言葉を投げつけられたという人もいます。こういう言葉を受けることが、自分を嫌いになる原因のひとつなのです。

もし、自分が嫌いという人が身近にいるのであれば、周りの人が、

「いつもあなたを見ているし、認めているよ」

と気づかせてあげてほしいと思います。

「あなたは、こんなこともできているじゃない」

「これもできているし、こんなことにもチャレンジしてるじゃない」

「あなたのこんなところはとても素晴らしいと思っているよ」

といった言葉をたくさんかけてあげるのです。

「自分のことが嫌いという自分が嫌い。そんな自分を変えたい」

というのであれば、どんなところが嫌いなのか本当の自分と向き合うことからはじめてみることもひとつの方法でしょう。

完璧な人などいないのです。大部分の人は自分の中に嫌いな部分はあるものです。カウンセリングでは、

「自分が嫌いと口に出せることは素晴らしいですよ」

と伝えています。

自分が嫌い、という人は認められていなかったり、自己肯定感が低かったりする傾向が

あります。愛情不足、承認不足からの影響もあると思えます。小さいころから頑張っても、頑張っても認めてもらえないという厳しい環境で育った人もいます。褒めてもらった経験が少ないこともそのひとつです。学校のテストで80点をとったとしても、

「どうして、あと20点がとれなかったの？」

と言われるような育ち方です。

「すご〜い！　80点もとれたの！　頑張ったね！」

と褒められて育つのとは雲泥の差です。

私の講座にM子さんという女性がいました。彼女も自分が嫌いと言う人でした。M子さんは、小さいときから「医者になれ」と言われて育ち、友だちも親に選別され、遊びにも自由に行くことができず、家に缶詰め状態で勉強をさせられたと言います。そんな彼女から「私、自分のことが嫌いなんですよ」という言葉が出てくるのです。

「どうして？　どこが嫌いなの？　賢い人だし、お仕事もできる。どんなところが嫌いなの？」

と聞いたところ、

「私、思っていることが言えないんです」

と言うのです。

彼女の場合は、幼少期に自分の意見をまったく聞いてもらえなかったことが影響していました。詳しくお話を聞いてみますと、彼女は母親から、「こうしなさい」「ああしなさい」「あれはダメ！」「これはダメ！」などと言われ続けて育ったということでした。そこで、

「M子さんの言いたいことが言える人は、だれかそばにいますか」

と聞くと、夫や友だちなどには、話せるということでしたので、

「まずはその人たちに、当時、言いたかったことを、口に出して言うことからはじめてみるといいですよ」

と、お話ししました。

M子さんには、私がカウンセリングで活用している技法のひとつである催眠療法も試してもらいました。退行催眠療法で、母親に当時、言いたかったことを吐き出したM子さんは、その後、

「ずいぶん楽になりました」

と明るい顔で話してくれました。母親への憎しみの感情も消えて、自分を嫌いという気持ちもうすれたと話されていました。

彼女は、幼少期から立派な大人になった現在まで、心の中にある本当の言葉や感情を閉じ込めて生きてきたのですが、催眠療法で母親に向き合い、対話をしてコミュニケーションを完結させていったのです。心の中にしまい込んでいた言葉や感情をはじめて外に出した瞬間でした。「やっと言えた！」という心境だったのではないでしょうか。それは、いわば心の荷物を下ろして心の整理につながったのだと思います。

それまでは、医師になるために、

「私は遊びにも行けない。私は帰って勉強ばかりしていて、友だちは映画に行くのに、私は映画にも行けない、私は何もできなかった」

とM子さんは感じていたそうです。それが母親に対する憎しみにもなっていて、カウンセリングをしていた当時は母親の顔も見たくないとまで言っていたのです。M子さんの母親は自分が医師になりたかったのになれなかったという経緯があったようです。つまり、子どもに自分の夢を肩代わりさせたということです。親の立場からすれば、よかれと思っての教育だったのでしょうが、M子さんの母親は、強引すぎたところがよくなかったのでしょう。

子どももひとりの人間です。好きなことも、やりたいことも親と違う意志もあると思えます。

「お母さんはお医者さんになってもらいたいと思っているのだけれど、M子ちゃんは、本当はどうしたい？　どんな夢を持っているの？」

と、その都度、話し合い、子供の意志の確認をする必要があったのだと思います。

自分の感情や言葉を吐き出すことができたM子さんは、新たな気づきも得たと言います。

「母は、私の将来のために厳しく教育してくれたということに、ようやく感謝することができました」

それまでは、すべて「母親が悪い」としか思えなかったM子さんが、心の荷物を下ろし、整理できたことにより、母親に対して感謝の言葉が出るようになったのです。

これは母親からの指示命令の影響でした。自分の本音を話すことで、母へも感謝ができるようになった好例のエピソードでもあります。

私自身も同じような経験をしたことがあります。私は、本当は行きたい高校があったにもかかわらず、親がすすめた高校に入学しました。担任の先生も父親に話をしてくださったことを後に聞きました。入学後も、

「○○高校に行ってみたい。制服も着たい」

という思いを持ち続け、高校2年生になるときに親に黙って自分で手続きをして元々入りたかった高校を受験した経験があります。あきらめきれなかったのです。合格の知らせで、親もやっと認めてくれました。入学するまでにアルバイトをして入学に必要な資金は貯めて準備したものです。

自分で選択した道は、自分で責任をとるしかありません。仮にその結果がよくなかったとしても、自分で選んだ道ということで、自分への納得は得られるはずです。自分で選択したことは、自分の中で折り合いがついていて、どんな困難に出会っても乗り越えていく力も発揮できるのではないでしょうか。

仮に結果がよくなかったとしても、

「やっぱり、親の言うことを聞いておけばよかったわ」

といった学び、気づきにつながり、納得できている人が多いのではないでしょうか。

嫌な部分を受け入れたうえで長所を伸ばす

本当の自分というのには、とても嫌な部分もあります。それらは特に目についてしまうかもしれませんが、その嫌な部分も、自分の一部なのですから、「それでいい」と思います。

ただし、自分の嫌な部分も受け止めたうえで、自分のいいところ、長所をどんどん伸ばしていくことが大切です。何より、つまずきにくい分、そのほうが成長は早いのです。

子どもに置き換えてみるとわかりやすいでしょう。スポーツはすごく得意だけれど、算数は苦手という子どもがいます。すると親御さんの多くは、算数をしっかりやらせようとします。しかし、苦手なことを無理につづけさせるよりも、得意なスポーツのほうをどんどん伸ばして、自信を持たせてあげたほうが、あとから「算数もできるかもしれない」と苦手なものに自ら取り組み、できるようになるケースがあるのです。私のこれまでの経験からしても、いい部分、長所をとにかく伸ばしていくことが、最終的にはその人にとっていい方向に向かうと感じています。

仕事でも同じです。部下や後輩にいろいろな仕事をさせてみて、

「あ、この人は、この業務は苦手だな」

と気がついたなら、依頼する仕事内容、業務を変えてみる方法もあるのです。違う内容の業務にチェンジさせてみたり、得意そうな業務が見つかったなら、

「あなたはこれが得意みたいだけどどう？」

と意見を聞きながら長所を伸ばすと、想像以上の能力を発揮するようになります。逆に苦手な業務を続けさせて、

「これを〇日までに仕上げなさい」

と指示しても、できないものはやはりできません。本人もできないことに、落ち込んでしまい、かえって悪循環となります。これでは、仕事もはかどりません。

ただし、業務内容を変更させるときには、

「この業務は苦手そうだから、こちらに変えようと思うのだけど、どう？」

と話し合いをしてみましょう。

苦手なものがあるから、その人は能力がない、ダメだということではありません。だれにだって、苦手なものがあるのです。抜群の企画力はあるのに交通費の精算など経理的なことがまったくできない人、営業的な能力は高いのにチームをまとめる力がない人、資料作成は得意なのに人前での発表や交渉ごとが苦手な人……。周囲を見渡せば、こういった例は数えきれません。仕事でよりよいひとつのものを作り上げるためには、それぞれが持つ優れた能力を提供し合うのが人の集団にとって一番効率的で最善の方法です。

また、自分の長所が生かせることと、自分が好きなことは別であることもあります。

「私は教師になりたい！」

と言っても、人にものを教えるというくらいまで成長するには人一倍時間がかかるであろう人もいます。一方、カウンセラー養成講座では、カウンセラーになるよりも、トレーナーが合いそうと思える人もいます。

それでも、本人の「チャレンジしたい」という気持ちは尊重すべきです。好きなことを

最初からあきらめさせてしまうと、その後の人生において、ひずみとして残ることもあります。大好きなことなのに、

「ダメ、ダメ。あなたには、それは無理よ」

と言ってしまえば、その人の成長もなければ、心の自由も奪ってしまいます。すると、そのほかのことにチャレンジしようという勇気さえ失うことになりかねません。

何にでもチャレンジしてみて、自分の「これならできるぞ！」というものを見つけていけばいいのです。それが人生開拓につながると思います。

バランスのよいパーソナリティになると生きやすい

自分がどんな人間であるかについての考え、つまり「自分はこういう人間だ」と自分自身で理解しているもの（自己像）を「自己概念」と言います。

自己概念は自分自身の今までの体験や、認識してきた事柄によって形成されることが多いと言えます。とくに幼少期の体験は、パーソナリティの形成に大きな影響を与えます。

生きやすいパーソナリティとはどんなものでしょうか。

私がカウンセリングで用いる技法のひとつに美妙式TA（交流分析）があります。TAとは、エリック・バーンが創始した交流分析理論に基づいて、ジョン・M・デュセイが考案したものです。

交流分析理論の中でも特によく使用するパーソナリティ分析は、その人の過去現在を見通し、内在する力に気づきを与えるカウンセリングに特化した分析スキルです。分析後はどのような自分に成長したいのかを聞きながら、アドバイスをしていきます。これまでに6000人を超える人々を分析してきました。

以下の6つの要素がその時々にバランスよく作動すると、生きやすくなると言えるでしょう。


【6つの自我状態】

① CP 父親（Critical Parent） ――厳しさ、強さ、やり抜く力

親や祖父母等の養育者の考え方、感じ方、行動を取り入れる。家庭や社会のルールを

教える（道徳観、価値観）。一方で自分に厳しすぎると、生きづらさにつながります。

②**ＮＰ 母親（Nurturing Parent）**――優しさ、思いやり、寛容な態度、世話好き、保護的

自分や他人への優しさの部分。おせっかいが過ぎると、他者を依存させてしまう可能性も出てきます。

③**Ａ 成人（Adult）**――理性、経験、知識、情報、分析、論理的に判断する役割

生涯発達する部分。常に冷静に、感情に振り回されない部分。特化すると、他者からは優しさがないように見えることもあります。

④**子ども　Ｃ（Child）**

・**ＦＣ（Free Child）**――自由な心。感情豊かで、楽しく生きる

自由を優先しすぎると、周りが見えなくなることもあるので注意を。

・AC（Adapted Child）――順応力。自分の本当の感情や欲求を抑えて、人の意に沿うだれとでも、どこでも順応できる部分。ただ周りを優先しすぎて自分の意志を抑えてしまうと苦しくなってしまい、ストレスを抱えやすいとも言えます。

・RC（Rebellious Child）――反抗の心、チャレンジ精神

反抗の心をエネルギーに変えていける部分。一方で、他人や自分を責めてしまわないようにしましょう。

すべての要素が大切で、偏ることなく、その時々に自分らしく活動することが理想です。職業的な面もグラフに現れます。

自分の中にある、過去からのデータは膨大に存在し、肯定的なものも否定的なものも、さまざまなものが入り交じっています。これまでの人生で、どのようなメッセージを受け取り、処理をしてきたのか。また、どのようなかたちでそれを活かしてきたのか。それによって、ＰＡＣのバランスに現われてきます。

時々自己チェックをして、今の自分はバランスがとれているか分析していくと、今よりもずっと生きやすくなるでしょう。美妙式TA講座のパーソナリティ分析では、いくつかの質問に答えることで、今の自分のパーソナリティの形を知ることができます。「今」の自我状態に気づくことができたならば、自分が自分らしく肩の力を抜いて生きていけるのではないでしょうか。

心の構造

人間の心の構造についてフロイトは、「**エス（本能）**」「**超自我**」「**自我**」という概念を用いて説明しました。これらは、はっきりと区別できるものではなく、入り交じっているとされています。

「エス（本能）」は、人間が本能的に持つ欲動です。たとえば、「高価なバッグが欲しい」というのが「エス（本能）」であり、本能のままならば、お金がなくても人にお金を借りたり、クレジットカードで無計画な買い物をしてしまう可能性もあるでしょう。

「超自我」は、社会で生きるために必要な価値観のようなもので、しつけや教育によって身につける、「～しなければならない」「～してはいけない」などの良心や道徳、理念、命令として働いている部分です。「高価なバッグが欲しいけれど、今の給料では買うのは絶対無理」と判断するものです。

本能の欲求と超自我の命令の仲介役だとされるのが「自我」です。人は「自我」でバランスを保っているとも言えます。「高価なバッグが欲しいから、毎月○○円貯金すれば、年末には購入できるわ」というものです。

エス（本能）を表に出し過ぎると生きづらさにつながるので、調整が必要です。今の自分にいち早く気づき、コントロールして社会生活を上手に生きることが理想と言えるでしょう。

調整役である自我がうまく働かない人は、疲れているのかもしれません。あるいはがまんに慣れていない、または、がまんしすぎている状態かもしれません。いずれにせよ、今自分がどんな状態であるかに気づくことが第一と言えるでしょう。

第２章

健全な心を育む親子の関係

愛着（アタッチメント）理論

心理学者であり精神分析学者でもある、ジョン・ボウルビィは、幼少期に自分の訴えや要求に応えてくれる限られた養育者との間で「愛着（アタッチメント）」が形成されることを重要とする愛着理論を提唱しました。

子どもは本来、探索と避難を繰り返すことで、好奇心や積極性、ストレスに耐える力などを身につけていくものです。愛着は、赤ちゃんにとって、安全地帯のような環境下（主に家庭）で形成されていきます。

赤ちゃんが生まれてから特に3歳までは、脳の神経回路は急速に発達すると言われています。この時期に、感じる、見る、聞く、嗅ぐ、という感覚に訴える刺激を赤ちゃんに与えると、脳の発達におけるシナプス結合が促進されます。肌に触れる、アイコンタクトをとる、温かく落ち着いた声で語りかける、そっと揺らすなどの刺激を十分に与えることができると、のちにその子どもは、コミュニケーション力、理解能力、社会性、そして情緒の安定を得やすくなると言えるでしょう。

愛着が子どもに与える影響

愛着がどのように影響するのか、具体的にいくつか挙げていきましょう。

子どもの社会的、精神的発達には、できるだけひとりの養育者と親密な関係を維持する必要があります。また、今日は○○、明日は××などと、人や場所を変えすぎるのはよくありません。

愛着が形成されている乳幼児は、自分の環境に精神を集中することができる、つまり物事に集中できます。乳幼児に見られる親へのまとわり付き、後追いといった愛着行動が叶わない環境で育ってしまうと、心は不安定になってしまいます。また、母親などの養育者がそばにいれば、子どもは自由な探索行動（冒険）が可能になります。すると、子どもは、好奇心のままに積極的に冒険することができるようになっていきます。

たとえば、自分が泣いていることに対して、母親が抱き上げたり「どうしたの?」と声をかけたりするなどして、対応してくれることで、赤ちゃんは、

「自分は愛されている。ママ（養育者）は守ってくれているんだ」

と感じることができ、心が安定するのです。

泣いてもベビーベッドで泣かせたままにするなど、非応答的な母親のもとで育った赤ちゃんは、

「自分は愛されていない。ママ（養育者）は守ってくれない」

とインプットしてしまいます。

赤ちゃんは、「守ってね」「なぐさめてね」「私の存在を喜んでね」「私の気持ちを落ち着かせてね」「冒険から戻ったら受け止めてね」「助けてね」「抱きしめてね」「願いを叶えてね」……といったさまざまな要求を母親に伝えてきます。その要求に母親が応えることで、赤ちゃんは表現力やコミュニケーション能力を育み、甘えや依存を受け入れられたことで人とかかわる楽しさや、喜びを築いていくのです。

「まだ赤ちゃんだから、わからない」と考えるのはよくありません。たとえば赤ちゃんの前で大声で夫婦ゲンカをしてしまうと、激しい音や声で神経回路は反応し、赤ちゃんの心も身体も萎縮します。そのことが、心の不安定へとつながってしまうのです。

これは、赤ちゃんがおなかにいるときにも言えることです。赤ちゃんと母親は一心同体と考えてください。母親が悲しんだり、怒ったりと、特にネガティブで激しい感情を持っていると、それが赤ちゃんに伝播《でんぱ》し、心が不安定になりやすく、生後も赤ちゃんに影響を与えることになるのです。

アメリカでは次のような実話記録映画があります。

希望する出産でなかったために、抱っこすることもなく、ミルクや食べ物をベビーベッドの中に投げ入れていた母親に育てられた子は、1歳6か月になっても話すことも歩くこともできませんでした。その後、病院に引き取られ60歳の看護師がふれあいを重ねていくと、近づくだけで泣き叫んでいたその子が少しずつ60歳の看護師に信頼を寄せ、愛着を獲得していきました。その映画は、笑い、おしゃべりし、手をつないで歩くことができるようになるまでの記録をおさめたものです。

愛着不足だった赤ちゃんは、成長後も母親の愛情を求めるがゆえに困らせることをしてみたり、公園などでほかの子どもを突き飛ばす、叩いたりするなどの母親の気を引く極端な行動をとることもあります。

カウンセリングで用いるヒプノセラピー（催眠療法）でも、ほとんどが幼少期の母親との愛着を求めています。母親は気づかなくても子どもは繊細で、敏感に愛を求め、承認を求めて生きているのだと感じています。

たとえば、子どもは公園で砂遊びに夢中になっていても、ふと母親を捜すことがあります。母親の姿が見つかれば、安心してまた遊びに夢中になれます。いつでも母親の存在が必要なのです。普段はなんでも一人でできている子どもでも、突然「だっこして！」と言い出すこともあると思います。そういったときは、見知らぬ人がいたり、慣れない環境であったりと、なにかしらのストレスがかかり、心の安定を求めたときと言えるでしょう。

母親としては、子どもが愛を求めているときは、子どもの年齢にかかわらず、その要求を叶えてあげることが大切です。

かつて、私のもとに、ひきこもりの高校生が相談に来てくれたことがありました。症状として、感情の起伏の激しさも相談されました。いろいろな雑談をしながら、

「幼少期、願っても叶えられなかったことはありますか？」

と聞いたところ、

「小さいときから一人で寝ていて、お母さんと眠りたかったし、今でもその気持ちがある」

と話してくれました。

母親にそのことをお話ししたところ「今さら気持ち悪い」と一言おっしゃったものの、「同じ布団でなく、同じ部屋で眠るだけでも十分なんですよ」

と伝え、「それならできるわ」というお返事をいただきました。

その後、何度か同じ部屋で眠ったあと、親子の会話もできるようになり、お母さんへの暴力も収まったそうです。息子さんの不安定な感情も安定していったといいます。

私自身も両親、兄弟３人、叔母、従兄弟のいる大家族の中で育ちましたから、「ねぇ〜、

お母さん」といつでも話しかけられるような時間はほとんどなく、さびしいときや悲しいときは、川の流れを見ながらハーモニカを吹いて心を落ち着かせていたことを思い出します。高校生のときは、親元を離れて自炊しながら学生生活を送っていました。学童保育などない時代でしたから、間借りしていた家の近所には「鍵っ子」がたくさんいて、その子たちに本を読んだり、宿題を教えてあげたりすることもありました。一緒にボール遊びをしたこともありますし、休日は教会の日曜学校に行ったり、おにぎりを作ってあげて山登りや春探しに行き、楽しんだ記憶がたくさんあります。

そのうち、私の存在を子どもたちの母親たちが知り、豪華なお弁当をいただくようになりました。今思うと、そのころの私はきっと、幼少期の埋め合わせをしていたのです。防衛機制の昇華と言えます。

愛着形成がうまく行く、ということは、心の拠り所（安全基地）ができるということです。見知らぬ世界や環境にチャレンジすることができ、より自尊心、自立心は育っていきます。

子どもの心の中には家族のシステムがある

子どもの心の中には、父親、母親がいて、僕、私がいます。そのシステムを崩さないようにすることで、心の安定を保つことができます。もちろんさまざまな理由で、ひとり親家庭にならざるを得ないこともあるでしょう。今や離婚は珍しいことでもありません。ただ、ここで重要なのが、子どもに年齢に相応した説明をしているかどうかです。

いきなり、父親や母親に会えなくなった子どもは不安になってしまいます。離婚までの夫婦の経緯を細かく説明する必要はありませんが、子どもがまだ小さくても、「お父さんとお母さんは別々に暮らすことになったの」ということはきちんと伝えましょう。そのうえで、ＤＶを受けていた、アルコール依存症で治療が必要になったなどの特別な理由がなければ、子どもが望めば会える環境は整えてあげてください。

別れた父親や母親の悪口、その家族の悪口を言うのはよくありません。離婚をするからには夫婦の間にネガティブな感情はあるものです。それでも、子どもにはその感情を押しつけないようにします。なぜなら幼児期の子どもたちは、離婚の理由を「僕（私）が悪い子だったからだ」と判断する傾向が強いからです。別れた相手やその家族の悪口は、子どもが自分を責めることに直結していきます。

子どもの母親や父親が離婚の後、遠方に住居を移し、経済的にも時間的にもなかなか会わせてあげられないという場合は、家族で過ごした、いい思い出の写真を渡してあげるといいでしょう。部屋に飾るのには抵抗があるというのなら、子どもの机の引き出しの中にそっと入れてあげましょう。

離婚をしても、子どもは父と母はこの世に一人しかいないと思っていますから、そのことを、年齢に応じた言葉、内容でしっかり伝えてあげることが、子どもの心に傷を残さない、安心感を与える最善策だと言えます。

離婚はしていなくても、勤務時間帯や忙しさの関係で、父親の帰宅時間が遅い、あるいは単身赴任で父親不在の家庭もあると思います。父親が帰宅していなくても、食事時間になったら、お茶碗、お箸、湯飲みなどは、家族全員分並べておくといいでしょう。それだけで子どもはその場にはいない父親の存在を感じることができます。存在感は尊敬の念へと変わります。

父親が働いてくれているから家庭が安定していることがわかると、そこには感謝の心が生まれるはずです。たとえ母親にとっては良くない面のある夫であったとしても、母親に父親への配慮があれば、子どもが父親を軽視することはありません。親への敬意が育つと、学校の先生や目上の人に対しても敬う言葉や態度を身につけ、人間力を培うことにつながっていくのです。

また、子どもの前では母親と父親は意見を一致させるように努めましょう。一致していないと、子どもは混乱してしまいます。父親がダメと言っているのに母親が隠れて「パパには内緒ね」などと言っていると、人を見て態度を変える子どもになってしまいます。

現代は、経済的な理由や、女性の社会進出も増え、専業主婦は減り、共働き夫婦が増えています。これは今後も変わることはないでしょう。愛着不足にならないように、一緒に過ごせる時間は、できる限り抱っこをしたり、話しかけたり、話ができるようになれば話を聞いてあげることを心がけてください。時間は短くてもしっかり向き合えば子どもは愛情を受けとめてくれています。

年齢ごとに心がけたい子育てポイント

子どもは年齢ごとに影響を受け、成長する領域が異なります。ここでは大きく①乳児期（0～3歳）、②幼児期（3～6歳）、③学童期（6～10歳）、④青年期（11～20歳）に分けて、それぞれのポイントを紹介します。

① 乳児期（0～3歳）

感性を育てる時期、親からの影響を強く受ける時期と言えるのが乳児期です。美しいものを見せ、キレイな音を聴かせ、優しいものに触れさせて、感じる心を育てるように心がけてください。愛情ある温かい環境は温和な内部世界を作り、豊かな人間性を育ててくれます。

感情を豊かにするために、本の読み聞かせをしたり、文字がわかるようになれば、本や絵本をどんどん読ませてあげましょう。自然の中で遊ばせることも感情を豊かに育みます。

注意してほしいのが、指示命令ばかりしないということです。

指示命令ばかりの環境で、親の言うことに順応するように育った子どもは、心身ともに萎縮しがちです。また、順応ばかりしていると、子ども自身の意志力が育ちません。すると、判断力もにぶってしまいます。さらに、心の葛藤を起こしかねません。これが子ども自身に向けられると、自傷行為や拒食・過食症などの摂食障害を引き起こす要因になりかねません。また、この反抗のエネルギーが他人へと向かうと、周囲への暴行、いじめなどの八つ当たり行為や、何でも責任転嫁をして人のせいにする子どもになる可能性もでてきます。

ハイハイをしているときにも、子どもは目的意識を持って動いています。たとえば、お気に入りのおもちゃを目指してハイハイをしている赤ちゃんに対して、おもちゃを赤ちゃんに近づけてあげる親御さんを見かけることがありますが、できるだけ赤ちゃんが自力でおもちゃまでたどり着くのを待ってあげてください。赤ちゃんが自分でやりとげることで、赤ちゃんの達成意欲につながります。この「待つ」ということは子育てのうえで非常に大切なポイントです。忙しい毎日の中で、待つのはとても難しいことですが、それでも可能な限りは、待ってあげてほしいと思います。また、おもちゃを遠ざけるのもやめましょう。赤ちゃんは喪失感を覚えてしまいます。

子どもが集中して遊んでいるときには、声をかけずにそっと見守ってあげることで、内部世界が育っていきます。

② 幼児期（3〜6歳）

我慢強く集中力や責任感、道徳心などが備わる時期です。親の言葉や行動を見たり聞いたりして、いつの間にかそれを取り込み、それが正しいことと思い込むようになります。働きに出る夫（妻）に「いってらっしゃい」と声をかけて見送っているでしょうか。帰宅したときに「お疲れさま」と労いの声をかけているでしょうか。子どもは、親の日常の言動を見ています。そしてそれを自然と自分の中に取り込んでいくのです。優しさやサポートする気持ち、思いやりなどの温かい感情を育むためにも、親として日常生活の言動をきちんと見直してみましょう。

また、良いこと、悪いことの区別がつくようになってきますので、善悪をしっかり教えてあげることもこの時期には大切です。ただし「それはダメ！」とひと言で言うのではなく、どうしてダメなのか、その理由をしっかり説明し、子どもが納得できるようにしてあげることも重要です。

親の過干渉や過保護が原因で、判断力が欠如した子どもに育つこともあります。たとえば、子どもがひとりでもできるのに「ママがしてあげる」などと言って、洋服を着せたり、靴を履かせたり、学校の時間割どおりに教科書をランドセルに入れてあげていないでしょうか。口出し、手をかけすぎるのは子どもの自立の妨げになることを忘れないでください。

そのほか、望ましくない行動があったときに叱るだけで、望ましい行動をしたときに褒めてあげていないというのもよくありません。望ましくない行動をとったときには「親から注目してもらう」という報酬を得られるのに、望ましい行動をとったときには何の報酬も得られない経験が続くと、子どもは報酬のあるほう、つまり望ましくない行動を増やしていってしまいます。

褒めるときのポイントは、その行動の直後に褒めること、行動が起きるたびに褒めることです。親の気分で褒めたり、褒めなかったりするのではなく、いつもきちんと褒めてあげましょう。すると、子どもは褒めてもらうための行動が増え、活動的な子どもに成長していきます。

③ 学童期（6〜10歳）

この時期は、思考力・判断力が発達する時期です。物事に対処する過程の中で、考えながら判断する力・選択する力が作り上げられていきます。

この時期には、パターン認識（読み・書き・計算）、好奇心、遊び、模倣などを繰り返し、向上心を育てることをおすすめします。

また、常に選択肢を与えることは重要です。「○○ちゃんは、Aランチにしなさい」「今度の休みは××に行くよ」など、子どもの意志や意見を聞かずに勝手に決めてしまっていないでしょうか。子どもの意志、意見は必ず確認するように心がけるようにしましょう。

意志や意見を最初から言えない子どももいます。そういう場合は、選択肢をいくつか提案して選ばせることからはじめてください。ただし、子どもが適切なものを選ぶとは限りません。それでもまずは子ども自身に決めさせてあげてください。そのあとに、それを選んだ理由を子どもに聞き、親の意見はあとで話すようにするのがポイントです。子どもが選んだものが適切でないと感じた場合は、なぜ適切でないのか、その理由を説明してみましょう。

自由に選択することを許されることで、自分の意志が確立し、自分の意見が言える子どもに成長します。自立心が芽生え、心に自由を与えられたことにより人間力が育まれます。

④ 青年期（11〜20歳）

感性（受け継いでいる能力）と知性（積み重ねる知識）とで人格を仕上げて社会人となっていく時期です。

新しい脳（知性）が働きはじめることで自我を悟り、自立、独立に向かいはじめるときなので、ここで親からの干渉があると、明らかな妨げになります。この時期の厳しいしつけは避け、本人の責任で解決するよう促し、導くようにしましょう。

特に難しいのが、親の心の転換です。子どもはそれぞれ成長し、自分のことは自分で解決しようと努力しています。子どもが求めてくる手助けは、場合によっては応じるものの、できるかぎり子どもの力に任せたほうがいいときも多いでしょう。子どもが成長していることを、親が認識していく期間でもあります。

高校・大学の進路なども、親が決めるのではなく、話し合いながら、アドバイスをしながら折り合いをつけていくことが大切です。そうすることで、子ども自身の迷いや葛藤も軽減されていきます。自分の意志決定をしっかり行える子どもは責任転嫁をしない、人のせいにしない人間に成長していきます。自分の発言、行動に責任が持てる子どもに育てていきましょう。

子どもに感情的になってしまったら

人間だれしも疲れていたりすると、つい感情的になってしまうことはあるものです。子育て中であればなおさらでしょう。ただし、感情的になってしまったときには、必ず子どもに説明することを忘れないようにしてください。

「お母さん、感情的になって怒っちゃったけど、本当はこう言いたかったのよ」などと話せばいいと思います。感情的になってしまったことに対して自分を責める前に、まずは子どもに説明し、修正しておくほうが大切です。これは子どもにとってはもちろん、母親自身の気持ちのリセットにもつながります。リセットせずに自責の念を積み重ねると、健全な親子関係を築けなくなってしまいます。

特に、忙しい毎日の中で、子どもの行動を待つということは大変です。そんなときに「あと5分しかないのに！」と感情的にならずに「5分もあるよ」と声かけをしましょう。そこが子どもの心の成長に大きく影響する点なのです。

特に子どもが、急がされる、追われるということにストレスを感じて萎縮してしまうのはよくあることです。「早く！　早く！」「早くしなさい！」が口ぐせのようになっている人はいないでしょうか。

8歳までの子育てはとくに慎重に（学童期）

人間はみな、感情によって振り回されています。言葉の中にも感情が入っているため、その怒りや悲しみなどに、私たちは反応してしまうのです。

中には大人になっても、人の言葉に過剰に反応してしまう、敏感な人がいますが、これも育った環境に影響を受けているケースが多いように感じます。

8歳ぐらいまでの子どもは、自分を傷つくことから守ってくれる脳の膜（クリティカルファクター）が閉じられていません。この膜ができあがっていれば、傷つく言動を受けても、ダメージから守ってくれます。しかし、8歳ぐらいまでは、出来事と感情が脳を直撃するのです。幼少期のつらい出来事がつらい思い出になるのも、この膜が閉じていない状態で受けたことが大きな要因のひとつと考えられています。

親から感情で叱られる、説明のない暴力、ふれあい不足などは、脳の記憶を司る海馬《かいば》という場所に記憶され、大脳へ長期記憶されてしまいます。それが、心を不安定にし、生きづらくなる要因となる可能性もあるのです。

これは非常に深刻な事態を引き起こすケースにもなり得ます。理由のわからない叱られ方ばかりされていると、失感情症になったり、感情（怒り、悲しみ、喜び）がうまく表現できなくなったりします。想像力も育ちにくくなります。想像力は未来へのチャレンジ精神です。

カウンセリングをした人の中にも、幼少期の心の傷を抱えている人が非常に多いと感じています。

８歳以上の年齢になれば、理不尽な叱られ方をされたときにも、

「いや僕だって、わざとしたんじゃないよ」

と経緯を説明できるようになります。そこまでしっかり言えないとしても、少なくとも、

「ちゃんと聞いてよ」

と説明をしようと試みるはずです。

また、このころから、倫理的な面での判断能力もついてきます。善悪などの道徳的なこともしっかり伝えていくと、その後、どんな出来事に遭遇しても、自分で判断できる子どもに成長していきます。

子ども自身が周囲に対しても、

「これは、こういうことだからやってはダメなんだよ」

と教えることもできるようになります。

各地で「子育てセミナー」「オンライン子育て講座」を開講しています。これらのことを母親、父親、子育てに関わる人々に気づいてほしいと願っています。

子どもの意志力を育てる

自由を奪われた子どもは、心の傷を受けているケースが多いと感じます。洋服を買いに行ったときに、自分は赤い服が欲しいと言ったのにもかかわらず、母親から、

「こっちの青い服のほうが似合うわよ」

と別のものを買われてしまったという、小さなことでも子どもを傷つけることにつながります。このケースでは、選択の自由を奪われたということです。


進路の選択も同様です。高校もそうですし、塾でも同じです。子どもの発想は単純かもしれません。その学校や塾に行きたい理由は、友だちが行くから、ということも多いものです。もちろん親は、できるだけよい教育を受けさせて、できれば高い学歴を持たせたいという思いから、少しでもレベルの高いところに入ってほしいと考えるのもわかります。

親としては、子どもには、何ごとにおいても選択肢を3つぐらい与えて、子どもが選択できる自由を尊重してあげてほしいのです。

不登校になったり、自分を追い詰めている子どもに話を聞くと、

「何を言っても親は聞いてくれなかった」

と言う子もいます。親は絶対に聞いてくれないというあきらめがあるのですが、その一方で、自分の人生をあきらめきれない子の心身に何らかの症状が現れるのです。中には脳神経まで異常をきたす子も見てきました。

人間の自由は、決して奪ってはいけない。これはカウンセリングを通しても痛感しています。どこかに希望を与え、どこかに自分の意志が出せる可能性を見つけておいてやることが、何よりも子どもの健全な心の成長に必要なことなのだと実感しています。

意志を言葉に出せる環境にいることは、大人になっても大切なことです。

親子の信頼を築く方法

親子の信頼関係を築くためにも、子育て中に、常に心にとめておきたいポイントをここでは4つに絞って紹介していきましょう。

①目を見て話す

特に乳児期は、安心感や信頼感をスキンシップやアイコンタクトから感じ取り、それが情緒の安定にもつながります。目や顔を見て話をされないと、大人でも大切に扱われていない、ないがしろにされている気分になったり、不安になったりするものです。子どもに話をするときは、子どものほうを向いて目を見て話をするように心がけましょう。これは、子どもの話を聞くときにも心がけたいポイントです。

②約束を守る

「今、忙しいからあとでね」

と言ったにもかかわらず、「あと」がない場合、さらに、それが何度も繰り返されると、子どもは親に期待をしなくなります。そして、心を閉ざし、話をしない子になるケースもあります。親としては、忙しい中、意識せず返事をしているだけで、

「忘れていたわ！」

程度のことであっても、それは子どもにとって「約束」です。「あとでね」を忘れていたことに気づいたときにも、子どもに「ごめんね」と謝る姿勢を見せることも信頼につながります。

③行動の奥に秘められたものを理解する

万引きをしたり、いじめの加害者になったり、非行に走るなど、子どもが問題行動を起こしたときには、その問題について叱るだけではなく、行動の奥に秘められた心理（思い）があることを理解しましょう。いじめの加害者になる子どもは、その子自体の心が傷

ついているケースが多いのです。問題を起こすということは、訴えたい何かがあることの裏返しだと理解してあげてください。小さな子どもでも同じ目線で寄り添い、ただただ話を聞いてあげることでいろいろなことを話してくれます。

④親が疲れすぎない

子育て中に母親、父親が疲れすぎないことはとても大切です。それぞれの子どもと向き合い、試行錯誤の子育てはかなりのエネルギーが必要となります。特に、はじめての子どもの子育てはわからないことだらけで、大きなストレスです。ゆとりがなくなると、いい判断はもちろん、通常であれば、問題なくできる判断さえもできなくなります。また、感情に振り回されながら、子どもにかかわることも多くなるでしょう。親の子育てストレスを軽減させるために、地域のソーシャルサポート等を積極的に活用してもよいでしょう。

以前、学校の成績は優秀だという小学校5年生の万引きの相談を受けたことがあります。その子どもさんと向き合ったとき、何度「母親にお願いしても全く話を聞いてもらえなかった。聞いてほしかった」という欲求が叶えられなかったことが背景にあることがわかりました。今や万引きは脳障害が原因と言われることもありますが、しっかりと見極めれば、そうではない原因も存在し、その原因がわかれば改善されることもあります。

また、忙しい母親におすすめなのが、子ども一人ひとりと「親子ノート」を作り、だれでも読めるのではなく、子ども一人ひとりの机の中に入れておくことです。私もかつて実践しており、おやつの置き場所や食事についての日々のこと、そのほかの家にいるときに伝えられなかったことや、心配していることを書き綴《つづ》っていました。コミュニケーション不足解消のために役立ちます。日付を入れると成長の足跡にもなります。子どもからの返事はなくても、子どもの心の中には残るようです。今はメールという方法もあります。「心配しているよ」「いつも気にかけているよ」という気持ちが伝わる文面になるとよいでしょう。

続けていくことで、絆にも変化していきます。

コラム　心に残るカウンセリング①

親の期待に応え続けた感情障害の女子大生

アレキシサイミアとも呼ばれる心の病は、心の葛藤を言葉で表現することが困難であったり、感情に対する気づきが失われた状態を意味します。自己の感情を処理することに対する障害です。

はじめてAさんとお会いしたとき、彼女は臭い、色、味の感覚を感じられなくなっていて、生きる意欲も失せて、リストカットを繰り返していました。

Aさんは幼少期に、母親が病弱だったため、ふれあい（愛着）が少ないまま育っていました。また、Aさんの将来のためにと、母親は、Aさんが付き合う友人、塾、幼稚園、進学先など、すべてを決めていました。Aさんは、ただただ、母親の期待に応える日々だったのです。大学受験も無事に乗り越えたAさんでしたが、大学に入学早々に不登校になってしまいます。引きこもりが半年くらいになったころ、母親の依頼でお会いしたのが最初です。

当初、母親は、催眠療法を求めていました（催眠療法を催眠術と誤解している人も多くいますが、私が行う催眠療法は癒しが目的です）。私はとにかく彼女の話を聞いてみたいと思いました。なぜなら催眠療法は本人の望む意志がない限り、期待する結果が得られないからです。はじめてお会いしたとき、Ａさんは私を待っていたという様子ではなく、渋々母親についてきたといった印象でした。母親にひとしきり話を聞いてから、Ａさんとふたりになると、彼女は少しずつ、語りはじめました。

大学は親が決めたもので、自分の望む学びではないこと。大学の同級生はみんな学生生活を楽しんでいるのに、楽しめないこと。最初は周囲に合わせていたが、つらくなったこと。親に本当の気持ちが言えないこと。母親が無断でＡさんの部屋に入って、勝手に整理されることがとても嫌なことなど、さまざまを話してくれました。

幼少期から指示命令の中で自分の意志を抹殺して、いわゆる「いい子」として親の期待に応えてきたのでしょう。しかし、Ａさんは、本当の自分との葛藤に苦しみ、生きる力もなくしていました。意識では理解しても無意識の自分はごまかせず、葛藤の限界が心と身体に出てきたのでしょう。

そのときのアドバイスとして、生活環境を変えることを提案してみました。彼女はお付き合いをしている男性がいて、彼は「何を話してもいいんだよ」「思っていることを話して」と時間をかけてむき合ってくれるとのことでしたので、彼は彼女にとって大きな存在だと感じました。少しの間、彼の家でお世話になることをまず提案したうえで、朝起きたらまず何がしたいか、その一番の思い（欲求）や気持ちを大切に行動すること、このふたつを提案したところ、「それならできそう」とAさんは答えてくれました。母親には、今はAさんの回復が一番大切なので、お互いが望むのなら、彼と暮らすことを許可してあげてくださいませんか、と説明し納得してもらったのです。

それから1週間後、Aさんからメールが届きました。そこには、彼の家で暮らすようになり気持ちも落ち着き、朝、目覚めたときに何がしたいかを自分に問いかけ、食べること、ファッションを楽しむこと、出かけることなど、自分の気持ちを大切にしていたら、明日、明後日、週末、来週と、未来の創造ができるようになってきた、という変化が綴られていました。

しかし、月日が流れ、ある日、届いたAさんのメールには「元気にならない病気の私でいたらいけませんか？」と綴られていたのです。私は「食べること、出かけること、買い物などの日常の行動はご両親をはじめ、みなさんが安心されるでしょうから、動かれたらいいと思います。『本当はね』と自分の気持ちが伝えられるようになるまでは、自分の気持ちに素直であればいいのではないでしょうか」とお伝えしました。

Aさんの心には、元気になれば大学に行かなくてはならない、ということが大きな負担になっているようでした。ですから「『病気でいたい』と思う私は悪い子、と自分を責めないで、ご両親の期待に応えるために、一生懸命に頑張ってきた自分を褒めてあげてください。休息したら未来へ向かえる日がきますよ」と返信したあと、連絡が途絶えました。風の便りでは大学は休んでいるものの、日常生活はできるようになったと聞いています。

Aさんの場合は、自分の気持ちを表現したり、話せるようになったりすることが目標です。次の課題は自分で考えて判断し、行動できること、つまり自立になります。

幼少期から選択肢を与え、子どもに自己決定の訓練をさせることの重要性とともに、自分で選び決定していくことは、生きる意欲につながることを痛切に感じた出会いでした。

第３章

心を豊かにする
コミュニケーションのコツ

心を満たす言葉・行動（ストローク）

心理学の専門用語に「ストローク」というものがあります。承認すること、感謝すること、触れあうことをストロークと呼んでいます。定義としては、相手（あるいは自分）の存在、価値、行動を「認めているよ！」と伝えるすべての言葉と行動としています。

言葉や行動を受けて育つことは、心の成長に不可欠です。

ストロークには、肯定的なものと、教え、導くものがあります。

朝起きて「おはよう」とあいさつしたり、子どもが転んで泣いてしまったときに「痛かったね。大丈夫だよ」とぎゅっと抱きしめて背中をさすってあげる。このような日常の何気ないことでも相手を認める言葉や行動を、肯定的ストロークと言います。

受け手にポジティブな印象になる、心を満たす言葉、行動です。

肯定的ストロークを知る

日常生活の中で、周囲の人から満面の笑みで、

「お疲れさまでした！　また明日！」

「ありがとう！　助かりました」

「何かいいことあった？　すごくいい顔しているよ！」

といった言葉をかけられると、思わず心が元気になり、心が満たされていきます。

私のTAの講座ではこれらの心を満たす言葉、行動（ストローク）を用いたワークショップを行っています。いくつかピックアップして解説していきましょう。

①笑顔、②あいさつ、③話を聞く、④共感する

笑顔であいさつしたり、しっかり人の話を聞いたりするということです。共感するというところでは、話を聞くときに、顔を見て聞く、目を見て話をするのは大切だということ

を実感する人が多いようです。ワークショップでは、あえて人の話を「うん、うん、うん」と頷きながらも、相手の目はもちろん顔を見ずに聞くケースと、顔や目を見て聞くケースの違いを実際に試してもらっています。

すると、一生懸命に話をしているにもかかわらず、そっぽを向いている相手に話を聞かれるという状況について、

「もう胸が苦しくなって、話ができなくなる」

という感想が大部分です。目を見て「聞いているよ」と共感を表わすということが、いかに大切かということがわかる例と言えます。

相手の顔や目を見て、面と向かって話をするのが苦手な人も多いようですが、これは、小さいころから、自分と本音で向き合う機会が少なかったり、親から顔を見て話を聞いてもらえなかったりした人に多く見られます。親の言動を子どもは取り込んで、それが習慣となってしまうケースもあるのです。

⑤遅くても待つ

たとえば子育て中であれば、忙しいお母さんも多いと思いますので、なかなか待つこと自体が大変なことです。許せる時間に限りはあると思いますが、可能な限り、待ってあげてください。子どもが時間をかければできるものであれば、できる限り最後まで自分でやり抜かせてあげると成功体験にもつながります。とはいえ、朝の一番忙しい時間帯に、どう見ても５分以内にできそうにないという場合は、

「少し時間が足りなさそうだから、今日はお母さんがしてあげるね」

と理由を説明して、代わりに母親が行ってもかまいません。ただし、理由を説明せずに黙って、それも感情的に、

「もう間に合わない！　仕方ないわね！」

という言い方をして取り上げてしまうのではなく、

「今日だけは助けてあげるね、応援してあげるね」

という心を満たす言葉、行動（ストローク）を忘れないでください。

⑥失敗を許す

仕事でもそうですが、失敗したらしばらくの間、落ち込んで仕事にならないという人をよく見かけます。私は会社のスタッフに、

「やってしまったことを後悔しても、成長につながらないよ」

「次には、どうしたらそれを繰り返さないかを考えて」

とよく言います。失敗から学ぶことは多いものです。失敗でつぶれてしまうのではなく、失敗を未来につなげていくことが成長です。失敗を必要以上に恐がらせないようにしてください。失敗が恐くてチャレンジ精神に欠ける大人をよく見かけますが、そういう人は、子どものころに何か失敗して、過剰に叱られた経験を持っているのではないでしょうか。

親から頭ごなしに、

「絶対許さない」

「どうして！　そんなことしたの！」

と責められた経験があると思います。

「また怒られる……」

と考え、過去の記憶が無意識に行動にストップをかけ、チャレンジしようという意欲もなくなってしまうのです。するとその後も自信のないことは、やりたくない、回避する選択をしがちです。これは後述する自己防衛のひとつとも言えます。

教え、諭す大切さ

たとえば、子どもが公園の砂場で遊んでいるときに、友だちのおもちゃをとってしまったとします。とられた友だちは泣いています。そのとき「何してるの！」とバチンと子どもの頬や頭などを叩く人もいますが、いきなり叩いて教えるのではなく、

「どうしたの？　このおもちゃが欲しかったの？」

と子どもの思いを聞いてみることです。子どもの行動の奥にあるものを汲みとってあげると、子どもも安心するでしょう。そのあとに、

「黙って人のものをとったらダメだよね。『貸してね』って言って、貸してもらわないといけないね」

と教え、諭し、社会的ルールを伝えます。

この「教え、諭して、正しく導く」ということの大切さを、今子育て中のご両親に気づいてほしいと思います。

このことは、子どもの理性を育てていくことにも通じます。言い換えれば人間力を育てるということでしょう。

仕事も家事も頑張っている忙しいお母さんにとっては、理由を説明しながら諭すというのは時間がかかりますので、大変だと思いますが、子どもが8歳くらいまでは大切なことなのです。

子育て中の人に提案したいのが、模造紙などの大判の紙に「1日のスケジュールを壁に貼る」という方法です。時間とやることを書き込むだけの簡単なものです。子どもが小さいときは親が書くしかありませんが、できれば子どもと話し合いながら作成するのがいいでしょう。文字がまだ読めない年齢の間は、絵で描いたり、イラストなどを切り抜いてスケジュールを書いた紙に貼ったりしてあげましょう。

朝7時に起きるときから「きがえ」「はみがき」「あさごはん」のほか、「あそぶ」「おやつ」「べんきょう」「じゅく」「しょくじ」、夜には「おふろ」などもあるでしょう。時間も数字だけではなく、アナログ時計の絵などを貼っておきます。そして、何時になったら何をするという予定がひと目でわかるようにしておくのです。つまり、子どもに時間で動くというサイクルを目で見える形で提示してあげるのです。歯磨きの時間になったら、「8時になったから歯を磨いて！」ではなく、「ほら、見て！　予定表では時計の針はどこにある？」「今は何をするのかな？」と予定表を見ることを習慣にするのです。平日と休日の2つのスケジュールを作るとわかりやすいでしょう。

脳は基本的に指示命令を嫌いますから、子どもが自分の目で見てやるべきことを把握できるようサポートしていくということです。やりたくないことでも、直接、母親から指示命令を受けるよりも、予定表を自分で見るというワンステップを間に挟んでから行動に移すことになるため、子どもに与えるストレスを軽減することにもなります。

指示命令は脳にとってストレスです。大人でも「あれはしてはいけない」と言われると「なぜ？」と思いがちですし、「どんどんやってください！」と言われると、案外、やりたくなくなるものです。指示命令は相手を追い詰めてしまうのです。

代表的な肯定的ストロークのところで「期待する」を挙げましたが、大きく期待しすぎるのは、子どもにとってプレッシャーになってしまいます。

たとえば、入学試験で学力的に合否ギリギリという子どもに、

「この学校に入るにはギリギリかもしれないけれど、チャレンジしてみて！」

という言い方をすると、子どもは期待を背負ってしまい、つらくなります。

子どもが何かにチャレンジするときには、親が少しレベルを下げてやるぐらいがちょうどいいと考えています。ワンステップレベルを下げたものを提示して、

「Aでなくても、Bならどうかな。安心じゃない？」

と、ギリギリのAではなく、親が見ても大丈夫かな、と思えるBに期待をするのです。

それでも子どもが、

「いや、私はAにチャレンジしたい！」

と意欲的になったなら、

「そうか、じゃあ、やってごらん！　応援するよ」

と精一杯、応援すればいいのです。親がチャレンジする目標をワンランク上げてしまう

のではなく、あえて少し下げるということです。なぜなら子どもは、親がランクを下げると、チャレンジしたくなるものなのです。そこがポイントです。

逆に言えば、親があえてレベルを下げてＢを提案したときに、

「じゃあ、Ｂにする」

と言ったとすれば、それは子ども自身が本当に自信を持っていないときで、心の中では、

「どうしよう……」

とすでに不安を感じている状況とも言えます。親がレベルを下げた提案をすることは、子どもに自分で自分に折り合いをつけさせる方法のひとつでもあるのです。

レベルを下げることを子ども自ら言い出すのは勇気がいりますし、あきらめた経験として心に残ります。一度決めた目標であっても、それが明らかに難しいとなったときには、親のほうから提案してあげましょう。そこは親が気づいてあげてほしいと思います。

これは自分の本音を話すという部分につながっていきます。子どもは親の期待に応えたいと思うものです。親の思い、期待に沿おうとして、頑張っている子どもたちもたくさんいるのです。

頑張るときに精一杯頑張ることはもちろん大切なことです。しかし、その中で、

「自分の本音を言っていいんだ」

「本当に苦しいときは弱音を含めて本音をしゃべっていいんだ」

という環境に置いてあげることは、これから続くその子の人生のうえでも、大きな助けになっていきます。Aにチャレンジして失敗したとしても、失敗したことを責めるのではなく、勇気を持ってチャレンジしたことを誉めてあげることが大切なのです。

想像していない人が自分の心を幸せにしてくれている

次の【あなたに肯定的ストロークを与えている人はだれ？】の文章は、自分がだれから肯定的ストロークを受けているのかを知るために、私の授業で使っているものです。

「みなさん、軽く目を閉じて聞いてくださいね」

と言って、体験をしてもらっています。

【あなたに肯定的ストロークを与えている人はだれ？】

次の文章を、軽く目を閉じた状態で、聞いてください。

あなたのそばにこういう人がいたら……と想像してみてください。

その人は会うと、必ずニコッと微笑んで「おはよう」とあいさつしてくれる。

その人は会話の中で「そう、それはすごいね！」「それは素晴らしい！」と本気で褒めることが得意だ。

私が困っているとき、その人はスッとさりげなく現れて「どうしたの？　大丈夫？」と声をかけてくれ、親身になって話を聞いてくれる。

その人は私が自信を失いかけているとき「大丈夫、きみならきっとできるよ」「自信を持って。今までの自分の努力を信じるんだ」と支えてくれる。

私が間違ったことをしているとき「きみに能力があることはわかっている。でもね、今回はここのところはやり方が違うと思うんだけど、どう思う？」と受け取りやすい言葉で間違いを指摘してくれる。

その人は、私が一生懸命していることを、立場を越えて応援してくれる。

「ではみなさん、そっと目を開けてみましょう。この文章を聞いていて、どんな人の顔が浮かびましたか?」

と問いかけたとき、多くの人が共通して、

「自分が想像していなかった人が出てきた!」

と言います。もちろん身近な人ではありますが、同性が出てくると思っていたら、異性が出てくるなど、意外な人であることが多いようです。つまりは、意識下ではなく、無意識下で思っている人ということでしょう。これによって、

「そういえば、この人はいつも私を褒めたり、応援してくれていたな」

と気づくことになります。疲れたとき等に、その人に会いに行くと心がほぐれてくるものです。

この授業は、ペアを組んでひとりは目を閉じて話を聞き、ひとりは読むという役割を決めて行うこともあります。夫婦や少し大きくなった子ども、友人同士などと一緒にやって

みてください。

実は、聞く側が目を閉じることにより、その人は軽い催眠下に入ります。目を閉じるという行為には、意識から少し離れ、無意識下に入りやすくなる、という効果もあるのです。文章の中にある言葉や行動は、肯定的ストロークの上手な使い方とも言えます。

肯定的ストロークを与えてくれる人は、あなたに自信、安心感、信頼感、幸福感を与えてくれています。

また、ストロークには他者から受け取るものと、自分自身に与えるものがあります。特に感情労働に携わる人はストロークを提供し続けて枯渇しやすくなりますので、人に優しくなれないことが続いているときは、心のオイルが不足していないか確認するようにしましょう。自分自身へのストロークも必要です。「頑張った自分を褒める」「幸せな気分になれる食事をする」「頑張った自分に欲しかった品物を買う」など、生活に支障のない出費で自分を幸せにしてあげてください。

共依存は自覚するのが難しい

愛情を与えることは、一見、肯定的ストロークです。ただ、その関係性に依存がある場合には、注意が必要です。

愛情を与えている本人は、良かれと思ってしていることですので、それを否定されるのは心外かもしれません。

同様に、愛を与えられている側も、与えてくれている側に依存している場合があります。これを「共依存」と言います。母親と子どもの「共依存」もあります。

共依存になっていることに気づく、自覚するのは、周囲が思う以上に難しいことなのです。子どもはほかの家庭を知らないので、母親が与えてくれるものが当たり前のものだという感覚を持ってしまうのは仕方のないことかもしれません。大学生ぐらいになって「自分の親は周囲の親と違う」ということに気づけるのは、自分の家庭環境から物理的に離れてからでしょう。もし「自分の親は過干渉すぎる」「過保護すぎる」と思い当たるのであれば、親から離れることも方法かもしれません。たとえば、大学や就職をいい機会だと捉え、経済的な環境が整えば、親元を離れることをおすすめします。以前、

「専門学校に進学してひとり暮らしをはじめた息子が引きこもりになった」

と私のもとに母親が相談にいらしたのです。のちに息子さんの引きこもりの原因は母親の過保護、過干渉であることがわかっていくのですが、当初はそのことにまったく気づいていませんでした。その母親は、専門学校進学のためにひとり暮らしをはじめた息子さんに毎日のように電話をかけたり、突然連絡もせずにアパートを訪ねたりすることもあったと言います。母親本人は「心配で、心配で」と言いますが、無意識のうちに自分の監視下に息子さんを置いておくための行動だったのだと思います。息子さんは、あるときから居留守を使うようになったと言いますが、これは健全な成長の証しです。しかし、母親の心配はヒートアップしていきました。


電話をするのは週1回くらいにして、あとはメールでのやりとりにする、部屋に行くときは事前に連絡してから行くなど、親子関係であってもお互いの立場を尊重するようにとアドバイスしたのですが、母親にとって、それを急に変えることは非常に難しいようです。

葛藤を繰り返し、アドバイスを実行できない時期もありました。時間はかかりましたが、最終的には、母親が息子さんへの過干渉を控えることで、アパートに引きこもることもなくなり、学校を卒業することができたという報告を受けました。

親離れ、子離れは必要です。一般的には3歳ぐらいまでは、しっかりと子どもを見てあげる必要がありますが、その後は少しずつ自立を促していきましょう。子離れできない親は、子どもの成長を妨げ、自立を妨げます。この事例は、親離れをしようとする息子が、子離れできない親の過干渉、監視下に置かれることへの抵抗を試みたのが引きこもるという行動だったのです。

幼少期の自己防衛のいろいろ

自分の心を安定させるメカニズム、自分を守るために、悲しみや怒り、恐怖など、受け入れがたい心のストレス、衝撃的な出来事に対して防衛する力は、成長と共に身についてゆくものです。自己防衛は数多くありますが、ここでは一部をご紹介してみます。

◆抑圧

意識すると苦しいことを無意識下に追いやる自己防衛のことを「**抑圧**」と言います。幼少期に抑圧のくせがついてしまうこともあります。

我慢をして、意見が言えない環境にいる子どもに多く見られます。幼少期には自活（自立）ができていないことがその大きな理由です。本来、自活できてはじめて意見が言えるものです。子どもは保護者に育ててもらい、食べさせてもらい、愛を求めている段階ですので、親に対して「嫌だ」とはなかなか言えない子どももいます。このため親からの指示命令も、嫌なことでも、我慢して行うというのが、抑圧と言えばわかりやすいでしょうか。

幼少期にたくさんの抑圧を抱えていると、たとえば学校で、

「意見を言ってみましょう！」

と言われても、手を挙げて「はーい！」と自分の意見を言えなかったり、

「何か質問はありませんか？」

と聞かれても、質問できない子どもになってしまいます。抑制を抱えている子どもは家

で親に、

「早くお風呂に入りなさい！」

と言われたときに、もう少しゲームがしたいなと思っても、それを言えません。

「あと10分だけゲームさせて！」

このひと言が言えないのです。最終的にその子の願いが叶わず、お風呂に入ることになったとしても、「あと10分だけ！」という自分の気持ちが言えるか言えないかは大きく違います。何も言わずに親の言葉に従う子は、親からすれば「素直ないい子」と見えるかもしれません。しかし、優等生タイプの子どもほど、抑圧を抱えやすい、我慢しやすいとも言えるのです。

ここで問題なのが、この我慢のすべてが、無意識下に移行するという点です。無意識の中に少しずつたまっていった抑圧に対して限界がきたとき、さまざまな症状が現れてきます。

症状は自分へ向かうケースと、自分以外の他者、周囲へ向かうケースのふたつに分かれます。自分へと向かう場合は、不登校になったり、しゃべらなくなったり、自分の中に引きこもったりという形で表に出てきます。

また、自分以外の他者、周囲に向かうケースの代表が、いじめの加害者になるというものです。我慢とは反対で周囲への「八つ当たり」として表に出てしまうのです。抑圧され押さえつけられた反動が、いじめという形になって他者へと向かい、暴力的になってしまいます。

自分に向かうか、他者に向かうかは、その子の性格によって違いがあります。

◆逃避

アルコール依存症、薬物依存症、ゲーム依存症、買い物依存症、仕事依存症、恋愛依存症など、さまざまな依存症がありますが、問題に目を向けず、そこに逃げてしまうのが「逃避」です。

逃避も自分を守るための方法なので、受け入れられない問題にぶつかったとき、一時的にお酒を飲んだり、遊びに出かけたりすることは、いけないことではありません。引きこもりも同じです。問題と向き合うことができるまでワンクッションを置く、という解決に向けての方法の一つと考えてもよいからです。ただ、逃避の時間があまりに長すぎて、解決するという未来がなくなると、そのときは問題行動となっていきます。

◆退行

子どもで言えば、赤ちゃん返りが「**退行**」です。自分の弟、妹が生まれた途端に赤ちゃんのように甘えるというのが典型的なパターンです。親の愛情を弟、妹にとられてしまうという不安が出てくるのです。

「僕のことも見てね」

と訴えているのです。弟、妹がオムツをしたり、哺乳瓶《ほにゅうびん》でミルクを飲んだりする姿を見て、同じことがしたいと駄々をこねて母親を困らせることがあります。

「もう、お兄ちゃん（お姉ちゃん）なんだから、そんなことをしたら恥ずかしいよ〜」

などと言わずに、同じようにオムツをしたり、哺乳瓶でミルクを飲ませてあげてください。オムツをすれば「気持ち悪いからもうやらない！」という子が大部分でしょう。ミルクも同じです。一度経験させ、自分で納得すれば、求めることはしなくなります。

新生児のお世話で大変な時期ではありますが、上の子どもをしっかりと抱きしめ、愛情を伝えることで「ママは僕のことも見てくれている」と納得させてあげましょう。

自己防衛する気持ちと上手に付き合う

人はだれでも自分を守るために自己防衛をしています。これは人間の本能でもあります。子どもも大人も同じです。ストレスとなるものが心の中にたまっているとき、追い打ちをかけるように受け入れがたい指示、命令、言葉を投げかけられると、自分を守るために自己防衛する気持ちが強く働きます。その気持ちが強くなりすぎると、問題行動として現れたり、生きづらさの原因になっていきます。

では、自己防衛が強くなりすぎてしまったとき、どんなことに気をつければよいか、自己防衛する気持ちと上手に付き合うヒントを紹介していきましょう。

◆自分を強く見せようとしない

自分を守るために弱い自分を隠して、強く見せようとすることがあります。周囲に強い自分を見せることよりも、だれにも弱い面はあるという柔軟な考えを持って、ときには上手に折り合いをつけたり、身体の力を抜いて、ありのままの自分で良いのだということを心がけてください。お金がないにもかかわらず、ブランド物などで身を固めてしまうのも自分を強く見せる行動でしょうか。身の丈に合った状態で生きるほうがずっと楽です。

人は生まれながらに（生得的に）内面に素晴らしい才能を持ってこの世に存在しているのです。それを磨いてゆくことです。

◆失敗よりもその後の対応に価値がある

失敗したからといって、自分が非難される、自分の価値がなくなる、ということはありません。失敗への恐怖心が強すぎると、自己防衛も強く出ることがあります。失敗を受け止め、それを成長するための機会、と考え方を切り替えることが大切です。今回は失敗したかもしれませんが、振り返ってみてどこが良くなかったのか確認してみましょう。振り返ることに成長があるのです。

◆「こうあるべき」という枠組みを外す

自分と違うことに強い抵抗感を抱く人がいます。こういうタイプの人は、自分の意見や考えに合わない人を受け入れることが難しくなります。ただ、自分と違うことは、個性の違いなのです。さまざまな人格があり、情報の取り入れ方も人それぞれだからです。言いたいことを我慢しなさい、というのではありません。いったんは他者の意見や考えを受け入れ、そのうえで、言うべきことを言い方を変えたりして伝えればいいのです。自分とは違うというだけで、無視したり拒否したりすると、円滑な人間関係を築きにくくなってしまいます。生きづらさを軽減するうえでも、自分と違うものと折り合いをつけていくことは、人物的魅力を磨くことにもつながります。

◆だれかのせいにせず、客観的に考える

自己防衛が強い人は、自分を守ることに一生懸命になりがちです。何か失敗をしたとき

にも、犯人捜しをして「Aさんのせいで失敗した」とだれかを責めてしまうこともあるでしょう。ですが、失敗した背景を客観的に把握し考える習慣をつけることで、だれかを責めるという非建設的なものではなく、失敗しない方法、失敗を補う解決策などに建設的に取り組むことができるようになると、すると人生も楽しいものに変わるのではないでしょうか。

◆自己評価を低くしない

自分を低く見せることで、傷つきやすい自分を守ろうとする人もいます。自分を低く見せれば、周囲からの過剰な期待もありませんし、プレッシャーなどのストレスからも解放されます。しかし、過度に自己評価を低くするのではなく、もちろん高くするでもなく、自然体の自分を受け入れるようにしたいものです。「私なんて……」などと必要以上に自己評価を低くすると、人間関係をぎこちないものにしてしまいます。また、結果だけを自己評価とせずに、自分の得意なところにも注目することを心がけてみてください。

過去頑張ったこと、達成したことなどを思い出してみることで、自己肯定感を上げることにつながります。

◆相手を理解するために行動する

親や上司などに厳しい言葉を受けたときに、相手の感情を受け止めると、言われた言葉の意味を正確に受け取ることができなくなります。自己防衛が強く働きすぎて、逃避したり、抑圧したりする人も多いでしょう。しかし、多くの場合は、相手のその言葉は、何かをしてほしいという意図が必ずあるはずなのです。自分に向けられた言葉の中にある感情に反応するのではなく、相手の意図とは何かを理解するようにすれば、自分自身や相手の感情に振り回されずに対応できるようになります。

◆他人の反応や態度に振り回されない

ストレスがたまればたまるほど、自分を守るための自己防衛が強く出てしまいます。周囲のちょっとした態度や言葉に過敏に反応してしまうこともあるでしょう。まずはストレスをためないための自分なりのリフレッシュ方法、たとえば、ショッピング、友達とおしゃべり、魚つり、旅をすること、歌をうたうこと、音楽を聴くこと、自然の中に入ること、趣味の世界に入ることなど、を見つけてください。自分に合っていればどんな方法でもかまいません。自分が肩の力を抜いて自然体になることです。疲れすぎないように、心に余裕を持って、自分を整えることが大切なのです。

今のあなたのストレス、疲れ度を知るチェックリスト

ストレスや疲れで自分自身が追い詰められないようにするためには、今の自分を知ることが第一です。次に今のあなたのストレス、疲れ具合を大まかに把握できるチェックリストを作成しましたので、ぜひ確認してみてください。その日の体調や出来事などによって、結果は異なりますので、気になったときはチェックしてみてください。

■ストレスチェックリスト

【診断方法】

次の18個の質問のうち、思い当たるものに☑を入れてください。

□　家庭内でいろいろ問題があった

□　仕事において、多くの変化があった

□　仕事にやる気がなくなり、疲れやすい

□　日ごろから楽しみにしている趣味などがない

□　いつも実践している運動がない

□　気分が落ち込みがちで、憂鬱である

□　些細なことで腹が立ち、イライラする

□　人に会うのが億劫で、なんでも面倒くさい

□　前日の疲れがとれず、朝から身体がだるい

□　寝つきが悪く、夢を見ることが多い

□ 朝、気持ちよく起きられずに気分が悪い
□ 頭がすっきりしなく、頭重感がある
□ 肩こりがある。背中、腰が痛くなることがある
□ 食欲がなくなり、しだいに体重が減ってきた
□ お腹が張り、下痢や便秘を交互に繰り返している
□ 目の疲れ、めまいや立ちくらみがある
□ 急に息苦しくなる、胸が痛くなる
□ 手足が冷たく、汗をかきやすい

【診断結果】

☑の数が5つ以下　正常範囲
　6～10　ストレス領域
11～15以上　ストレス傾向

ストレスの整理箱で自分の心を整理する

いかがでしたか。ストレスがある状態のときには、そのストレスや疲れはどこからくるのかをあらためて確認する方法を紹介します。私はこれを「ストレスの整理箱（ノート使用）」と呼んでいますが、自分の心の整理をすることで、ストレスを改善するものです。

手順は以下のとおりです。

①　朝起きてから寝るまでの1日の生活を振り返り、自分がストレスや疲れを感じていることノートに書き出す（後々読み返せるように日付を入れていくと、読み返したとき、人生の足跡になり「こんなときもあったなぁ」と成長として残せます）。

②　書き出したリストを「自分で解決できること」と「自分では解決できないもの」とに分ける

④　解決できるものについては、解決しやすいものから、1、2、3……と順位をつける

⑤　1から順に解決策を考える
⑥　解決ができないものを書いたリストは、シュレッダーにかける、捨てるという方法でもかまいません

ストレスや疲れの原因にはさまざまなものがあります。その中には、自分で解決できる問題と、自分では解決できない問題があることを理解することです。自分で解決できるのは、自分自身のことです。例えば「早く起きることができない」などです。一方、自分自身では解決できないことは、自分ではないだれかのことです。これは最初に「解決は難しいこと」として分けてしまいます。

そのうえで、自分で解決できる問題には、優先順位をつけて、どうすれば解決できるかを考え、向き合ってみてください。

「なんだ、そうか！　朝起きられないのは、夜遅くまで起きているからだわ。30分早く寝ればいいんだ」

など、よくよく考えれば当然のことなのですが、案外、それが自分自身でわかっていいな

いことが多いのです。ひとつの原因がわかれば、続けて、

「30分早く寝るためには、早くお風呂に入ればいいんだな」

と生活の中で、改善するべきポイントがわかるようになります。

もし夫の帰宅時間等が原因で早く寝られないのであれば、話し合いをしてみることです。解決策が見えてくるはずです。


原因を理解するために書き出すことは、私の授業でも行っています。たとえば、テスト勉強ができないという生徒たちが、その原因を知るために、1日の生活をチェックしていくと、友人と遊びに行く時間が長かったり、長時間ゲームをしていたり、意識していなかった原因がわかってきます。その原因をしっかり把握することで、

「この時間を少し短縮すれば、テスト勉強できる！」

と問題解決することが多いのです。ある人は息子さんが独身であることがストレスだと話されていましたが、このストレスの整理を提案したところ、

「あ、息子の嫁が来ないというのは、私だけでは解決できない問題だったんだ」

と、そこではじめて理解され、息子さんに意志確認をされたようです。

このように、ストレスの原因は、書き出して可視化することで発見でき、改善することができるようになります。

書き出すということは、心の整理、脳の整理をするようなもので、心がスッキリし、脳もスッキリするのです。

また同様に実際の整理整頓も精神衛生上、いい影響を与えます。家を片づけること、仕事場のデスクの整理、仕事上の処理の順番ＢＯＸを作る方法や付箋を貼るなど、身の回りのこまめな整理整頓は、脳の整理へとつながるのです。

心を豊かにする「感謝」の言葉

人の心を豊かにする言葉として一番に思い浮かぶのは、やはり「ありがとう」という感謝の言葉です。たとえば、この言葉をいつも聞いて育った子どもは、両親はもちろん、周囲の人、そして特に目上の人を尊敬する気持ちが育まれていきます。また、子どもは親をモデリングしますので、親が繰り返し「ありがとう」を使っていれば、自然に「ありがとう」が言える子どもになっていきます。お手伝いをしてくれたときには、「○○ちゃんがお手伝いをしてくれて、助かったわ。ありがとう！」と「ありがとう」とともに、子どもを承認する言葉を添えてみましょう。何か子どもが望ましい行動を起こしたときには、その行動に対しての承認の言葉をプラスして、認めてあげてください。子どもは、

「私がお手伝いしたから、ママが助かったんだ。私はママを助けてあげられたんだ！」

と、存在を認められたという承認要求が叶えられます。すると自分には存在価値があると思えることにつながっていくのです。

相手の存在を認め、それを相手に伝えることで、親子に限らず、温かな心の交流が生まれます。これは子育てに限ったことではありません。

また、望ましい行動はきちんと褒めてあげること、応援し、励ますことも心を豊かにします。にっこり微笑む、相手の顔を見て話をしたり、話を聞いたりすることも大事なことです。

日常生活の中で、どんどんこれらの言葉を使い、実行してください。家庭でも、職場で

も、学校でも、ありとあらゆるところで、これらの言葉が飛び交う社会になれば、今より
ずっと心豊かな世の中になるはずです。

コラム　心に残るカウンセリング②

依存と共依存

共依存の親は、子どもの世話をするうちに子どもが責任を持つべきことに対しても、先回りしてしまいます。すると子どもは自らの責任を持つことが苦手になり、回避行動をとりがちになります。問題にぶつかると、人のせいにしたり、人やものに依存して心の安定を保つようになります。一方、親は子どもの世話をすることで、自分の価値を見いだし、それが生きがいとなっていきます。それが進むと、いつまでたっても子離れができなくなってしまいます。

子どものほうはと言うと、親がやってくれるので、それに依存してしまい、いつまでも自立ができません。

小学入学前にもかかわらず、オムツがとれないRちゃんという子どもの相談を受けたことがありました。母親に話を聞くと、オムツは時間をおいて取り換えていると言います。それは用を足したあとのオムツが冷たくなって子どもが風邪をひいてはいけないということと、旅行などでトイレ探しが大変だからというのが理由でした。

私は、小学校入学後、Rちゃんがオムツをしていることで、いじめにつながったり、自信をなくす可能性があること、両親が覚悟を決めて、Rちゃんにオムツが濡れると気持ちが悪いという感覚を覚えてもらうことなど、トレーニングが必要だと、お話ししました。

家族全員の協力があり、Rちゃんは小学校入学までにはオムツが取れたのでした。しかし、このような先回りは、オムツだけでなく、買い物場面でも気になる関わりがありました。私は行動を共にしてみたのです。

母親はRちゃんを、幼児が乗る買い物カートに乗せて買い物をしていました。母親が食材をとり、

「これはRちゃんが好きだから、明日、明後日、明明後日の分ね！」

と次々にカートに入れていきます。Rちゃんも、

「うん！」

と返事をします。私が、「どうしてカートに乗せるのですか？」と聞くと、

「カートに乗せないと、あちこち行くから、大変で手がかかるんです」

と母親は答えてくれました。そこで私は、Rちゃんの意志を聞き出したり、自分で選択させたり、予算内で買える計算のやり方を教えながら、自立へ導いていくのが理想である、とお話ししました。

その後、親子で買い物に出かけたというある日、Rちゃんの母親から電話が来ました。

「子どもが欲しいという洋服を試着したら、小さいサイズしかないと言われました。子どもは、ほかの洋服でいいと言いますが、本人の最初の意見を尊重して、小さいサイズを買って飾っておいたほうがいいのでしょうか？」

着ることのない服を選ぼうとする親に対して、子どもは小さい服はいらないと意志をきちんと伝えていて素晴らしいことですね。子どもさんの意志を尊重してあげてくださいと伝えました。

後日、「子どもが今日はほしい洋服がないから買わなくていいとのことで買わずに帰ってきました」と残念そうにお母さんから報告がありました。日々多忙なお母さんが自分のために時間を作って買い物に連れてきてくれたことだけでも、子どもにとっては喜びだったのではないでしょうか。

第４章

感情に振り回されずに生きる

感性の磨き方

感じる心、豊かな心情、意欲、態度、珍しいことを楽しむこと、「もの」「こと」に反応して心が動く感性は、先祖から継承して生まれたときから持ち合わせた生得的なもので、生まれたときにはまだ眠っていますが、「よりよく生きようとする力」を潜在的に持っていると言われています。そして、人とのかかわりの中で、人は情緒、情操を養うのです。

子どもの感性を磨くためには、新しい場所や体験で感性を刺激することです。新しい場所と体験は未知との遭遇です。子どもにとってはドキドキワクワクが待っているのです。感性を伸ばすのであれば、いつもの場所でなく子どもの好奇心を刺激するような毎回違う場所に行き、その場所で子どもは何を想像し何を思うのか、どんな行動を取るのか、親がしっかり観察をしてみることなのです。

尚、子どもの行動に対し、「ダメ！」「危ない！」「それはムリ！」という注意を出すことは感性を鈍らせてしまうようです。

また、良きこと、悪しきことの一般常識をしっかりと教えていく必要もあります。

情緒の安定

情緒が不安定になる要因のひとつに胎教から影響を受けるケースがあると考えられています。母親の自己肯定感が低く、自分に自信が持てなかったりくよくよしたり、ちょっとしたことでも過剰に心配したり、そしていつも周りの目を気にしすぎる過敏な状態であれば、その母親から生まれた子どもというのは、母親と同様に情緒が不安定になりやすいと言えます。

おなかの中にいるときから、安定した環境が必要なのです。

家庭や周囲の大人や子どもから、かけがえのない存在として受け止められ、認められることで、自己らしさを十分に発揮していけるようになり、自分への自信につながります。

そうして子どもは自己を肯定する心を育んでいくのです。

自己肯定感を育てることは子どもの将来にわたる心の基盤となります。成長過程での人間関係は安定したものになるでしょう。

自然界に目を向け、脳のリフレッシュ

私が活動の拠点としている広島県の尾道は、日本津々浦々の景色と同様に自然豊かで、春には桜が美しく咲きます。しかし、私が教える学校の生徒に、

「桜がキレイでしたね。目に映りましたか」

と授業で尋ねても、手を挙げる生徒はまばらです。桜並木を通ってきたにもかかわらず、桜に目が向けられていないのです。せっかく四季に恵まれた日本という国に住んでいるのですから、周りの自然界にも目をくばり、どのように美しいのかを感じてほしいのです。

「昨日は白い雲が多かったけれど、今日は雲ひとつない青空だわ」（視覚）

「鳥が鳴いてる。今日はカラスがよく鳴いているわね」（聴覚）

「桜の花びらが舞い散る姿には風情があるなぁ」（感覚）

「甘い香りが漂っている。金木犀の季節なのね」（嗅覚）

早朝太陽が昇ってくるときは輝きを放ちながら（視覚）、波の音や鳥の声を聞き（聴覚）、朝日を全身に浴びて（体感覚）、今日も元気で頑張ろう（ポジティブな内部対話）、という感じで五感はフルに活躍してくれます。

現代人は、精神的に疲弊していて、日々の仕事をこなすことや社会の環境に慣れること、あるいは人間関係のことなどに神経を集中させているようです。ですから、自然にまで目を向けられない状況にあるのかもしれませんが、室内から外に出たときの肌に触れる風の感覚など意識次第で五感は刺激できるのです。五感を刺激すると脳の疲れが取れ、気分のリフレッシュにもなります。

疲れている人たちには特に、

「１日１回でいいから、空を見て、雲を見て、遠くの山のほうを見てね」

と伝えています。

脳のリフレッシュにより視野が広がり、ゆとりのようなものが出てくるのだと思います。

それまでは、悩みや苦しみ、悲しみに対して「自分ひとりがこんなに苦しい思いをしている」と思い込んでいた気持ちが、少しずつほぐれていくのでしょう。

広い自然に目を向けることで、自分の心の中の視野も広がっていくというイメージです。

海が好きという人であれば、海に行き、ただ波の音を聞いているだけで、何だか心が静まってくるような気持ちになるはずです。

「この道しかないと思っていたけれど、別の道もあるかもしれない」

という人もいるでしょう。また、それまでは周囲の人や自分ばかりを責めていたのが、

「人を責めたり、自分を責めたりすることには、解決の道はない」

ということに気づくこともあります。

このような、ちょっとした気づきを得ることによって、それがきっかけとなり、少しずつその人の心は変わっていきます。特に苦しいとき、つらいときというのは、自分を責めるか人を責めるかの二者択一となりがちです。

心のゆとりを持たせてくれる自然に触れるという体験を数多くしてほしいと思います。

意識してポジティブなことを思い出す

記憶には「短期記憶」と「長期記憶」があります。短期記憶は、長期記憶に情報を保存したり、長期記憶から情報を引き出したりするための一時的保管場所のようなものです。そして、必要とされる情報だけを仕分けして、長期記憶として保存するのです。基本的には「生きていくために不可欠」「命にかかわる」と判断した情報を取捨選択して、長期記憶に送り込むとされています。また、感情が伴う記憶や何度も何度も繰り返して思い出す記憶も長期記憶に保存されるケースも出てきます。

残念ながら人は、「あのときは恐かった！」「あのときは苦しかった」「ものすごく腹が立った」といったネガティブな感情を伴う記憶をなかなか忘れません。何度も思い返してしまいます。これが悪循環となり記憶の長期化につながります。さらに脳の長期記憶に保存されると、それは行動、態度にも現れてきます。

また、恐怖の記憶などは、睡眠によって定着します。子どもが恐い、嫌な体験をしたときに、泣かせたまま眠らせてはいけない、ということです。心を安定させてから眠ることが大切だということは、大人も同じです。

一方の楽しかった体験、うれしかった体験というのは、想像以上に思い出す機会は少ないものなのです。

幼少期は親とかかわる思い出がほとんどですが、親との思い出でネガティブなことがたくさんあると感じる人は、親にやってもらった楽しかったこと、うれしかったことを思い出してみてください。

繰り返したことが長期記憶になっていきますから、意図的にポジティブなイメージをたくさん積み重ねていくのです。

私の生徒さんやカウンセリングに来られた人には「とにかく記録に残そう」ということもよくお伝えしています。可視化するのです。

「宝のノート」「思い出ノート」「ハッピーノート」など心が豊かになるようなタイトルをつけたノートを一冊用意してみてください。そこに今までのいい思い出、うれしかった出来事、心が温かくなった言葉などを書き込みましょう。写真などのビジュアルがあれば、それを貼り付けるのもいいでしょう。ノート自体をカラフルなものにするのもおすすめです。あるいはスマホでクラウド記録しておけば、いつでもどこでも振り返ることができます。

自分のネガティブな感情が頭をもたげてきたときには、そのノートやスマホを見ることで、脳が瞬間的に切り替わり、いい思い出やうれしかった出来事、心が温かくなった言葉を思い出し、ネガティブな感情やイメージが中和されて気持ちに変化が出て意識が変わります。

親からプレゼントされた腕時計や指輪、ネックレス、お気に入りのバッグなどの思い出の品でもいいと思います。

「ああ、あのとき、ちょっと無理を言って買ってもらったんだよな」

と思い出しては、ふっと心が温かくなるようなものを身近に持っておくのも、バランスをとるひとつの方法です。仮に母親に対して猛烈に腹が立ったり、悲しくなるようなことがあったりしても、思い出の品は捨てることはないはずです。

このようにして思い出したポジティブな感情は記録に残しておいて、ネガティブな感情を持ちそうになったときに、取り出して触れてみることです。そうすることで心の中をポジティブな感情で中和していく。これを続けていくと、心のバランスはとりやすくなっていくでしょう。

目に見えない原因をさぐる

心の病気になるのは、根っこの部分に何かネガティブな記憶、種のようなものを持っている可能性があるということのようです。本人が覚えているかどうかは別として、それらが蓄積されていて、あるときその体験の記憶が当時の恐怖や無力感とともに自分の意思とは無関係に思い出されてしまい心が不安定になってしまうのです。

Kさんという40代後半の男性が上司の暴言などにより、うつ症状が出ている、ということでカウンセリングに来られたことがありました。しっかりした体格の穏やかで優しそうな人でした。

この方は、カウンセリングでいろいろな話を聞かせてもらううちに、幼少期に恐い体験をしていることがわかりました。それはＫさんの兄とその友達に物置部屋のような場所に長時間閉じ込められ、不安感と恐怖心でいっぱいの時間を過ごしたというものでした。

幼少期のこの体験とうつとが、どうつながるのか不思議に思う人もいるでしょう。恐い思いを強いた兄たちは、Ｋさんにひどいことをする人たちと記憶されているわけです。幼少期に閉じ込められたときの恐怖の感情が基にあり、今現在の暴言を吐く上司の声や表情を見て感じて恐怖体験がよみがえることで心が不安定になっていたようでした。

このように幼少期に何らかの心の傷となる種のようなものがどこかに潜んでいる人は、あるきっかけによってさまざまな形で症状が現れる可能性があります。成育過程でどれだけのことを体験し、どんな感情が蓄積されているかは個人差があります。Ｋさんと同じような体験をしても、心の傷になることもなく、思い出しても、

「ひどいことされたよねぇ」

と笑い話にできる人もいるでしょう。

幼少期の恐い体験のイメージを変えることで症状が緩和するケースもあるため、催眠療法の説明をし、Ｋさんはぜひ受けてみたいとのことで後日いらしたのでした。

顕在意識ではイメージは変えられませんが、催眠療法に入ることで、無意識の扉は開きやすくなります。

たとえばKさんの場合は、

「すぐ目の前に恐いものがある！　こんなことを兄ちゃんにやられた！」

というイメージではなく、遠くで兄とその友達との出来事であったという距離感に変え、音を入れたり、色を変えたりしながら心が落ち着くまでいろいろとイメージ療法を駆使し、印象を変えていきました。

また、兄たちと楽しく遊んだときの記憶をたくさん思い出しました。

そうすることで顕在意識が変化していき、深く傷ついたイメージも変わっていくのです。

その後、男性は夜も安心して眠れるようになり、心が楽になったと報告がありました。

心的外傷ストレス障害（PTSD）に向き合ったとき

心的外傷後ストレス障害（ＰＴＳＤ）とは、災害や事故、犯罪、戦争などの強烈な非日常体験、ＤＶや児童虐待などの親近者を主とする人間関係内における障害体験、人間本来の想像を超えた体験が、きっかけとなって、脳が生理的な変化を起こし、実際にその体験があったときから時間が経過しても精神障害が持続している状態です。

私のもとに、恋人の自死により心身に強いストレスを受けて、仕事もできない状態の方が相談に行きたいという連絡がありました。四十九日も過ぎていましたから、お会いしてお話を聞くことにしました。

彼女が一番に望んでいたのは、亡き人との対話でした。心の準備もできていない突然の別れには、「聞きたいこと」「伝えたいこと」でいっぱいでした。対話ができる催眠療法のひとつである「悲嘆療法」を希望され、遠路いらしたのです。

お二人の思い出の場所で再会し、聞きたかったこと、話したかったこと、これからのことを流れる涙をぬぐうことなく語り合い、話し合い、気が付けば3時間30分の時が流れていたのでした。彼女は未完結のコミュニケーションを完結させ、現実に戻ってきました。

しかし、一旦納得したもののそう簡単に心の整理にはたどりつけないものです。

死別後の悲嘆（グリーフ）の回復は、行きつ戻りつつしながら、時間が必要です。

故人の誕生日、クリスマスなどの思い出の日などは悲しみが引き戻されて何年経っても辛く感じる人もいます。新しい環境になれるには、時間も必要であり、自分のペースで少しずつ少しずつの回復なのです。

悲嘆のプロセスに、①心のまひ段階（事実を認めたくない）、②切望と悲しみの段階（故人を探し求める、会いたい）、③混乱と絶望の段階（罪悪感や怒り、非難、死の現実に抵抗）、④回復の段階（故人がいなくても人生を立て直せる実感が持てる、生きがいや社会役割の再発見）、というものがあります。悲嘆療法を体験した後の彼女をほぼ毎日メールでサポートしていました。

彼女が悲嘆のプロセスを繰り返しながら、引っ越しをして環境を変える行動ができるようになるまで、5か月近くの月日が過ぎていましたが、仕事復帰もされるほどに回復されました。

私自身、かつて受け入れることのできない家族の壮絶な死に直面したことがあります。以来10年間はどこでどのように死を迎えたのか記憶を失ってしまったのです。葬儀を行ったことは覚えていましたが、絶命した土地、救急で運ばれた病院が全く思い出せない状態でした。仕事や出会うご縁が京都に重なる不思議さは常に感じつつも何ひとつ思い出せない日々でした。

心理学を深め、さまざまな催眠療法を深く学ぶようになり、じわじわと心の扉が開かれ、10年という時をかけて、「あっ！」「そうだった！」と思い出した瞬間は、いつものように新幹線でもうすぐ京都というときでした。涙が流れるという状況ではなく、心の故郷を思い出したような懐かしく愛おしいものでした。それは亡き人へと私自身への思いです。

心的外傷は常に寄り添いながら、時をかけて心の受容に至るまで、「心の傷」に直接触れるのではなく、クライアントのその時々の気持ちに寄り添うことが大切だと感じています。また、心的外傷ストレス障害の人と関わるときは、自分の力量も判断して専門家にゆだねることも重要なことです。

心の荷下ろし

生きづらさの原因や出来事のイメージを変えることで感情も変化するということをもう

少し説明しておきましょう。小さいころに、母親に叩かれた経験があり、それをいつまでも忘れられないという人が私のところに相談に来たことがあります。

その人は、「なぜ叩かれたんだろう」という思いをずっと心に残したまま大人になりました。「どうして？」「なぜ？」と思いながらも、起こったことは悲しい、お母さんはひどいと、ずっと思い続けてきたわけです。

カウンセリングをしていくと、実は、あるいたずらを自分がしたから叱られたのだ、ということが判明しました。原因がわかると、

「ああ、自分も悪かったなぁ。あのときこう言えばよかったんだ」

ということに気づくことができるのです。すると感情もおのずと変わっていきます。母親を許し、そして自分の心を許せる。許容の連鎖へとつながり、感情も変わるということです。

言いたかったことを、ずっと心の奥にしまっているということは、自分を許せないことにつながりかねません。言えない自分がダメだと思い込むのです。エンプティチェア（空の椅子）という技法があります。椅子に座った自分の向かいに空の椅子を置き、自分の話

したい相手（このときは母親）がいると想定し、まずは自分が話すのです。自分が話したあとは、今度は向かいの椅子に移って座り直し、母親の気持ちになって話をするということを続けていくのです。

彼女も母親と会話しながら、納得できるまでコミュニケーションを深めていきました。そのとき、母親に言えなかったことを言うことで、またはそのときの母親の気持ちを理解することで、因われた状態から解放される効果があるのです。

このことを「心の荷下ろし」と呼んでいます。

相手があって伝えたくても伝えられてなかったことというのは、声に出したほうがいいでしょう。そのほうが自分自身もスッキリするものです。あるいは、手紙を相手本人に出すという方法もいいでしょう。手紙を書いた人は何人もいました。手紙を出した人から後日、

「母からは『そんなに真剣に考えてなかったわ』と言われました。私だけがすごく心の荷物を背負っていただけだったんですね」

という報告を受けたこともあります。

心の荷物と感じたとき、相手に素直に気持ちを伝えるというのは大切なことです。さまざまな方法で心の整理を心がけていくとよいでしょう。たくさん荷物を抱えれば抱えるほど苦しくなるものです。荷物を下ろせるのであれば、早いほうが気持ちはスッキリするでしょう。

生きていくうえで、心の荷物をあまり持たないようにする、そんな生きぐせ、習慣化ができればもっともっと楽な生き方ができるのではないでしょうか。

気持ちを伝える練習をする

幼少期の親との会話が、大人になってからのコミュニケーション能力にも大きな影響を与えます。赤ちゃんのころにおっぱいを飲ませながら、母親が一生懸命話しかける言葉は、その子の頭の中にインプットされ、それが言葉として発することができるようになります。ですから、1歳半ぐらいまでにたくさんの言葉をかけてもらうほど、言葉がうまく出るようになります。

親としては、絵本の読み聞かせをしたときには、

「どう思った？　どう感じた？」

と聞いてあげるのは大切なことです。そう聞かれた子どもは、自分の心の中にあるものを言葉として発することができるようになります。

「あなたはどう思っているの？」

と意見を聞いても、なかなか言葉が出てこない方がいます。なんでもいいから言ってごらんと促すと、唐突と思えるような言葉が出てきたということはよくあります。ただ、その後、しばらく時間をかけて話をしてもらうと、的を射たことを話すことができるようになるのです。つまり、そういう人たちも心の中には自分の思いはあるということです。ゆっくりと待ってあげることで言葉を発せられるのでしょう。

とはいえ、今から子ども時代に戻るわけにもいきません。すでに成人した人で、言葉がうまく出ないという人は、気持ちや感情を書き出すことが一番でしょう。日記でもいいですし、手帳にメモするだけでも違います。だれに見せるものでもありませんから、かっこよく、美しい文章で書く必要などありません。

「今日はこんなことに腹が立った」

「こんなことがうれしかった」

などと、思ったことを素直に書き出せばいいのです。

最初はなかなか大変かもしれませんが、それでも書き続けた人は、成長していきます。

書き出すことによって、多くの気づきも得られます。書くということは、感情だけでなく、自分の言動をはじめ、多くのことをリセットできる素晴らしいことなのです。

感情と言葉を分ける

私たちの心が傷つく大きな原因のひとつが、相手の言葉によって自分の感情が揺さぶられることにあります。

言葉というものには、話し手の感情が入っています。その相手の感情が自分の中にある感情にヒットしてしまうのです。自分が持っているネガティブな感情、たとえば、常に悲しみを抱えている人は悲しみに、いつも怒りを持っている人は怒りにヒットしてしまうということです。相手が投げた言葉が自分の感情とぶつかり、それが爆発してしまい、悲しみから怒りに変わることもあります。

言葉と感情を切り離すことができれば、感情に振り回されることなく、相手が意図していることもしっかりとくみ取ることができるようになるはずです。

振り返ってみると、相手は、たいしたことを言っていなかったり、案外、的を射ているということも多いものです。冷静になれば、

「ああ、なるほどこういうことが上司は言いたかったのか……」

と思えることも多く、

「そうか、そうか、的確だったんだな」

と感心することもあるでしょう。感情に振り回されることにより、ボタンの掛け違いのような状況が生まれてしまい、相手は「A」ということを伝えたかったのに、受け手は「Z」など、まったく異なる解釈をしてしまうということも少なくないということです。

ネガティブな感情を処理する方法のひとつをご紹介します。

たとえば、会社で上司が頭ごなしに話をしてきて、まったく意見を聞いてくれない、そ

んなときには、落ち着ける場所に行き、上司から言われたことを書き出します。すると、そのひとつひとつに感情が紐付けられているのがわかるはずです。
まずは言われた言葉は置いておいて、その怒りや悲しみといったネガティブな感情だけを自分のイメージの中で、蓋のついたボックスの中に入れて、それを川や海などに投げ込むのです。イメージで遠くへ飛ばすのも良いでしょう。

感情に振り回されないためのケーススタディ

ここで感情に振り回されている具体的な会話を見ながら、何が問題か、そしてどのように対応すると感情に振り回されないかを検証してみましょう。

ケーススタディ①
電車内に忘れ物をしてしまった男女の会話（口論）

男性　**「おまえが不注意だからいけないんだ！」**

女性「あなたが見てるって言ったじゃない！」

よくある口論の典型的パターンです。お互いに相手を非難し合っています。このような口論を経験した人は多いのではないでしょうか。さて、このふたりの会話は、何が問題なのでしょう。

まず、荷物を置き忘れたことが発覚したとき、「おまえが不注意だからいけないんだ」という男性の言葉には怒りの感情が入っています。怒りを受けた女性はさらに怒りの感情を返しています。

ここでどちらかが謝れば解決する、と考える人もいるでしょう。相手に謝られることで、怒りなどの感情がおさまる人もいないわけではありませんが、それではこのシチュエーションにおける問題の解決にはなりません。

この会話に抜けているものがあります。抜けている部分を補えば、感情のぶつけ合いは終わるはずです。あなたは気づいたでしょうか。

冷静に考えれば簡単なことです。それは、忘れた荷物を捜すことです。どこに問い合わせて、どこに行けばいいのか。あるいは、本当に電車の中に置いてきてしまったのかも確認する必要があるでしょう。

湧き上がる感情にまかせて、どちらが悪かったかを決めても、解決は遠のきます。中には「もう知らない！」と帰ってしまう人もいるかもしれませんが、これは逃避にあたります。

こういったときは、まずは困っていることそのものを解決することに注視して、とにかく冷静に戻りましょう。バラバラになったお互いの感情をいかにリセットするかが重要です。

トラブルと呼ばれるもののほとんどは、怒りや悲しみの感情からトラブルに発展したものです。その感情をリセットし、お互いに平常心に戻る、そのためにはどうするかということです。

特に感情的になりやすいという人は、感情的になったとき、自分に「リセット」と言葉をかけてみるといいでしょう。

ケーススタディ②

親が子に何かを依頼した場合の会話

母親　「Ｓくん、今、何時？」
息子　「時計ぐらい自分で見たらどうなんだよ（うるさいな）」

このケースでは、母親は平常心で息子に向かって、時計を見てほしいと依頼をしています。ところが、息子は、面倒くさいなぁ、そのぐらい自分でやればいいのに、と感情的になっています。この会話は、往々にしてこのままでは終わりません。

これは、母親が次にどのように出るかによって大きく変わってきます。

母親は、もう面倒になって黙ってしまうかもしれません。あるいは、

「何よ！　時計ぐらい見てくれたっていいじゃない」

「親に向かってその口のきき方は何⁉」

「もう授業料なんて払わないから！」

と、ヒートアップし、感情的な言葉を投げ返すケースもあるでしょう。しかし、このよ

うな対応をしてしまうと、やはり感情と感情のぶつかり合いになってしまい、うまく話がまとまりません。

それではどうするかと言えば、やはり欠けているものを埋める必要があるのです。このケースで抜けているのは、母親が時間をどうして聞いているのかという点です。ここで、

「お母さん今、忙しくて時計が見られないのよ。だから時間を教えてほしい」

「時計が手元にない。だから時間を教えてほしい」

とその理由を伝えていたのであれば、息子も感情的にならずに、すぐに動いて、

「わかった。今、◯時◯分だよ」

と教えてくれるはずです。

このように、自分が平常心で発した言葉に対して、思いのほか相手が感情的な言葉を返してきたケースでは、投げた言葉に何か欠けている言葉がある場合が多いということです。

相手が感情的になってしまったときに、それにひきずられて自分も感情的な言葉を返してしまっては、関係が悪化してしまうだけです。

このようなときには、まず自分は冷静さを保ち、リード役として言葉や行動の中で欠け

ているものに気づくことで、人間関係はスムーズになるはずです。

相手を変えるのではなく、そこから離れる

対人関係で精神的に参ってしまうというケースは、こちらが努力をしても、まったく改善されないという場合です。相手に変わってほしいと強く望んでも、人を変えることはできないのです。何年かすれば、状況が変わっていくことでよい方向に向くこともあるかもしれませんが、それを待っていられないときもあるでしょう。

自分に向き合うことも大切なことですが、対処法のひとつとして、私は自らが動いて環境を変えることをおすすめします。セクハラ、パワハラ、モラハラ、暴力を含め、第三者から判断してもひどすぎるようであれば、会社を変わる、改善されない劣悪な状況であれば学校を変わるということです。そう簡単なことではありませんが、それができる環境であればということです。

人にはそれぞれの思いと意志があるのでその人の意志を変えることはできないというこ

となのです。これは逃げることではなく、自分を守ることなのです。

うつ病になり、自死を考えてしまうような人であっても、転居し生活や環境を変えることで、随分と症状が緩和されたというケースもあります。行動に移すことさえできれば、自他ともに驚くほど早く変わっていくのです。

自分の感情をリセットする方法

感情に振り回される人でも、感情をコントロールすることは可能です。訓練次第なのです。

本書で書いてきた、感情の使い方や言葉と感情の分け方といった部分をしっかり訓練すれば、自動的に言葉と感情が分けられるようになってきます。すると人に振り回されることはなくなります。

また、意識を変える、リセットするのがうまくできれば、感情のコントロールは可能です。これはだれもが実践できることだと思います。

自然を感じることもおすすめですが、自分がどんなことで感情をリセットできるのか、いろいろなことを試して、ベストなものを知っておくとよいでしょう。

ネガティブに陥りやすい人は、リセットボタンではありませんが、感情をリセットするアイテムを持つのもおすすめです。いつも手元にあるペンケースや時計、ハンカチ、ペンダント、ブレスレット、指輪など自分の心を安定させてくれるアイテムとして身近に持ってみてください。感情的になったときに、それを見たり、触ったりすることで、リセットしやすくする役割を果たすアイテムになります。

気持ちをクールダウンして、落ち着きたいという場合には、燃える色である赤は避けたほうがいいでしょう。色にもさまざまな意味合いがありますが、その時々で自分の心が落ち着く色を選ぶとよいでしょう。

逆に元気を出して頑張らなくてはいけないというのであれば、赤いアイテムを身につけたり、赤い服を着てもいいと思います。自分の気持ちを元気にする色のアイテムを意識的に持つことで、実際に元気が出るということはあるのです。

そのほか、新しい環境で新生活をスタートさせるとき、あるいは転職や新しい何かをはじめるときにおすすめなのが、写真です。

特に親元から離れて生活する人などは、幸せな家族写真や、友だちの写真、また故郷や地元の風景写真などを新生活先に持っていきましょう。最近は写真と言えば、携帯電話への保存も方法のひとつですが、写真は壁に貼ったり、フォトフレームに入れて部屋に飾ったりしておくようにしましょう。いつも目に触れることで、寂しさが紛れたり、悲しい、つらい出来事があったときでも、写真を見ることで、故郷や地元を思い出し、

「また頑張ろう！」

と思えます。そして初心に戻り、心をリセットしてくれる作用をもたらします。その意味では、寄せ書きなどをもらって、それを目につくところに貼っておきましょう。新生活へと向かう人の中には、

「もう過去だから」

という人もいますが、そうではなく、

「過去の体験は資源に変えていくのですよ」

とお伝えしています。自分の資源というものは、多ければ多いほど、心を豊かにしてく

れます。つらい過去からも、生きる力になっているものが必ずあることに気づいてほしいものです。

人生を良き日々に

ここまで、少しでも生きづらさがなくなるよう、さまざまな方法を書いてきましたが、私のこれまで実践してきた人生を良いものにする方法を記します。習慣化し、みなさんの輝かしい未来への一助となれば幸いです。

1　心が疲れたときは自然の中に浸ろう

果てしなく広がる海に行く、波の音を聞く、森や近くの川の流れ、青空や雲、風の音、鳥たちの声を感じてみる。

2　何が起きようとも人のせいにしない自分作りをしよう

物事に向き合える自分、出来事を振り返ることができる自分になろう。

3　身の危険からは逃げる勇気を持とう

いじめの被害者になっているときなどには、その場から離れよう。それは自分を守るためであり、決して逃げることではないのです。

4　自分の感情を知ろう

悲しみ、怒り、喜びなどの自分の今の感情を知ることで、どうすればいいかが見えてくる。本当の自分の気持ちを大切にしよう。

5　自分の過去を悔やむより、これからの未来を考えよう

そのときをだれもが一生懸命生きている。頑張った結果を受け入れよう。失敗と思えることは、繰り返さない方法を過去の出来事から学ぶことが未来につながる。

6　1日1回は頑張った自分を褒めてあげよう

お風呂の中やベッドの中で一日を振り返って、頑張ったことを見つけて自分を褒めてあげよう。身体にも感謝しよう。

7　未来目標は生きる力となる

小さな目標から達成感を味わおう。そして自分を認めてあげよう。一つひとつの達成感の積み重ねが人生を切り開いていく。あきらめずにやり続けよう。

8　生きづらさを感じたとき、自分の幼少期の環境をひもといてみよう

その原因や足がかりになることに出会うはず。納得は心の安定となる。

9　学ぶ意欲を持とう

学ぶ姿勢は人を謙虚にしてくれる。謙虚さからは多くの気づきを得る。気づきが人生を開拓していく。

10　恨みや妬みの念は心を疲弊させる

心の中で人を恨んだり、妬んだり、ひがんだりしていると心は疲弊する。

11　眠るときは楽しいことを思い出して眠ろう

明日という未来が豊かに迎えられる。

12　過去を手放す訓練をしよう

過ぎたことを悔やんでいたら幸せな未来へ歩めない。

13　ことばにユーモアを入れよう

ことばの中に愛と笑いがあれば心が救われる。

14　お金、物への執着をほどよく手放そう

今を生きるための借り物だから、今世で循環しよう。

15　目に見えない世界、神仏を敬いましょう

命をつないでくれたご先祖様への感謝を忘れないでください。絶望したときは産土神社を訪れてみましょう。

心のあり方次第で、人生は大きく変わります。創造的に、積極的に、建設的に心を使い、今できる奉仕を繰り返し、社会に還元していくと、健康と平和、幸せと繁栄がもたらされ、意義ある人生に自分自身で変えていけるのです。

コラム　心に残るカウンセリング③

「子どもはいらないと決めていた」というKさんの母親のおなかの中にまで遡る退行催眠療法

かつて私が専門学校で教えていたころ、30歳代のKさんという女性が、「私は結婚していますが、子どもを産まない約束を主人としています」と講座中に話されたことがありました。その言葉がとても気になりました。その講座内では、催眠療法のデモセッションを行う予定だったので、Kさんに声をかけると快諾してくれました。

早速、セッションをはじめ「子どもを産まない」という意志が芽生えたところまで遡《さかのぼ》ったところ、母親のおなかの中に行き着きました。

Kさんは、両親がいつもケンカをしていて悲しかったこと、その当時、望まれた妊娠でなかったこと、生まれてきてはいけないと思っていたこと、そして、自分が妊娠して同じことを繰り返してはいけないと思っていたのです。

原因がわかったところで、Kさん誕生後の歴史を振り返っていきました。両親とのたくさんの幸せな記憶を思い出し、Kさんの目から感謝の涙があふれたあとで気持ちや意志の変化があり、講座を終えるころには、すでに心の変化が起きているようにも見受けられました。

その後、「主人と話し合いをして、今後、恵まれるのであれば命を授かりたいと思っています」との連絡がありました。そして、その半年後には妊娠の知らせがあり、無事に赤ちゃんを出産されたのです。「山田先生との出会いで人生が変わり、かけがえのない命に恵まれて感謝しています」と成長されたお子さんの写真つきの年賀状も届きました。

講座でのKさんとの催眠セッション後の変化は、私にとってもかけがえのない経験となりました。

催眠療法では、意識に上らない、抑圧し、しまい込んでいる出来事、感情、生きづらさの原因となっているもの・出来事に向き合います。過去・現在・未来と自分の軸を行きかいながら、心の扉を少しずつ開いていき原因にたどり着くのです。それは強制でもなく自らの意志を大切にしながらの旅でもあります。

催眠療法は、深い、深い「愛」に気づく瞬間でもあるのです。

おわりに

この本の最後に、私にとって忘れられないセラピーがありましたので、ご紹介します。

末期がんの彼女は、知り合いの紹介で私のセラピーを受けに来られました。

「余命半年と言われたけど、死ぬ気がしないのよね。だけど看護師さんから皆さんそう言って死んじゃうんだよって言われたの」

彼女は朗らかに話す、とても明るい女性でした。

「どんなときも、可能性を持ち続けることは明日への力になっていきますから大切なことよね」

と彼女に伝えました。

彼女といろいろと話し合ったあと、彼女は「体細胞療法」（催眠療法のひとつです）でのがんとの対話を選びました。

幼少期に自分の生き方を無意識に決めて（人生脚本）、筋書きどおりに生きようとしてしまいます。しかし、無意識はよく知っていて、そこに無理が生じているとさまざまな方法で知らせてくれるのです。無意識からのサインに気づくかどうかで、人生の舵《かじ》取りが変わります。

セラピーを始めると、彼女も幼少期に想像を超えた体験をしており、それをしっかり抱えて生きてきていることがわかりました。

その体験は、すべてマイナスに出るわけではなく、自分を支える核にもなります。彼女がその出来事と納得できるまで向き合い、話し合い、コミュニケーションを完結させ、笑いに変えていけるように、私は手伝いをしました。

それは4時間30分という長い旅でした。

のちに、子宮がんから乳がん、腸にまでがんが転移をしても、彼女は片道1時間30分かけてマイカーでセラピーを受けに来ました。学びにも積極的であったその精神力に、私も生き抜くことの素晴らしさを教えられていました。

入退院を繰り返しながら、彼女が自動車に乗れなくなったとき、私はオンラインでセラピーセッションをしました。身体の浄化セッション後、

「先生、身体からドロドロした黒いものが出てきたよ。がんが出てきたのだと思う。身体が軽くなったよ！」

と、とても嬉しそうに報告してくれたこともあります。

希望を持つことは生きることへの力になります。私もとても嬉しく感じました。

２０２０年2月、私がニューヨークの研修を終えて帰宅したばかりのとき、彼女がそう長くない命かもしれないという知らせを受け、病院へかけつけました。別れ際、精いっぱい生きている姿が愛しくて、私は彼女を抱きしめました。彼女からも「先生もっと抱きしめて！」とかぼそい声が聞こえてきました
おいおいと泣きじゃくる彼女の背中をさすりながら、私は、

「また来るね！　また会えるよ！　今度は一緒にニューヨークに行こうね」

と語りかけ、がんばってきた彼女を何度も何度も抱きしめました。

彼女の全身の筋力はすでに失われていたことに驚きと悲しみが襲ってきました。

その後、しばらく泣きじゃくった彼女は何かを決断したように、

「先生、会いに来てくれてありがとう！」

満たされた笑顔でその日お別れしました。

彼女はその5日後、未来世へ旅立ったのでした。

葬儀の日には、実に爽やかな彼女の魂が居ました。

ひつぎの中には私が持参した絵葉書や彼女へのプレゼントが寄り添ってくれていました。

お別れに集まったたくさんの皆さんの悲しみの声が会場を包んでいたとき、

「みんなどうして泣くの？　笑顔で送ってほしいなぁ。また会えるのに」

そんな明るい彼女の声が聞こえてくるようでした。


人は一人でこの世に誕生し、一人で旅立ちます。人生では家族や友人、たくさんの人たちとの出会いがあり、生きていく勇気、また旅立つときの力となることでしょう。

彼女との出会いで、私は生き抜く勇気と引き際の決断力の大切さに気づかせていただきました。彼女との出会いに感謝して、未来世での再会を楽しみに、私も精一杯生きてゆき

ます。

「今度生まれてくることができたならば、こういうふうに生きたい」

と思いながら、未来世に旅立っている人が実に多いのです。

旅立つときには、夢や希望を持って旅立つことがとても大切であると、私は催眠療法を通して気づきました。

それは、命ある人すべてのみなさんに言えることです。もし「苦労の多い人生だった」と語る人がいたら、

「今度生まれてきたらどんな人生にしたい？」

と聞いてあげてほしいのです。今という瞬間を大切に、夢と希望と憧れをもって、幸せな未来をたくさん語ってほしいと思います。


常に生と死に向き合う状況の中で生かされてきた私の激動の人生は、人に寄り添っていくために、そのすべてが必要な体験だったと思えます。

出会いが書籍につながりましたことに感謝を捧げたいと思います。

また私の人生に寄り添ってくれた家族、長い歳月の海外研修を理解してくださった有限会社ニシマキ産業代表取締役西牧修作様、スタッフの皆様、文芸社にご縁をつないでくださいましたエフエムふくやま専務取締役局長田中宏行様、文芸社の皆様のご尽力に深く感謝いたします。

セプルミエール　代表　山田　美妙

著者プロフィール

山田 美妙（やまだ みたえ）

広島県出身、尾道市在住

株式会社広島銀行勤務を経て、
尾道市医師会看護専門学校非常勤講師、
尾道市医師会准看護学院非常勤講師、
尾道市医師会看護専門学校カウンセリング室担当、
尾道市立市民病院カウンセリング室「心の相談室」担当、
日本教育カウンセラー協会認定カウンセラー、
日本教育カウンセリング学会会員、
日本催眠学会評議員、
日本臨床ヒプノセラピスト協会認定講師、
国際催眠連盟認定講師、
TA（交流分析）認定トレーナー、
米国 NLP™ 協会認定トレーナー、
ヒューマンアカデミー校中四国エリア心理学講師、
私立各種学校教職員連盟認定洋裁教師、
など多方面で活躍。
美妙式 TA カウンセリング® を実践。
エフエムふくやま放送レギュラー番組出演中。

ブライアン・L・ワイス博士前世療法プロトレーニング修了
有限会社ニシマキ産業　専務取締役
株式会社セプルミエール　代表取締役、セプルミエール校代表

URL　www.seplumiere.com

ことばの花びらをあなたに 幸せへの処方箋

2021年12月28日　初版第１刷発行
2023年１月25日　初版第２刷発行

著　者　山田 美妙
発行者　瓜谷 綱延
発行所　株式会社文芸社
〒160-0022　東京都新宿区新宿1－10－1
電話　03-5369-3060（代表）
03-5369-2299（販売）

印刷所　株式会社フクイン

ISBN978-4-286-22731-3